日本教師教育学会年報

第33号

日本教師教育学会編

〈特集〉
「教師像」を再考する
――教師像と教師のアイデンティティ――

日本教師教育学会年報（第33号）目次

〈特集〉「教師像」を再考する
──教師像と教師のアイデンティティ──

1 〈特集〉「教師像」を再考する

客体としての教師教育を問い直す
　　── 複雑系とインターセクショナリティを手がかりに ──　　　　佐藤　仁………　10
教師のライフヒストリー研究と「教師像」
　　── 小さな物語のネットワークとして ──　　　　　　　　高井良　健一………　24
「生ける教師像」との邂逅
　　── シュタイナー学校の教員養成課程における教師像の再構築 ──　井藤　元………　36
ビクトリア州における教師像の社会的形成について　　　　　　真田　理史………　48
学校をトボトボ歩きながら見聞きし、考えていること　　　　　石川　晋………　56

2 実践研究論文

教職課程授業者の「意図や葛藤、省察の開示」を埋め込んだ授業が
学習者及び授業者自身に与える影響
　　── 授業者のセルフスタディとして ──　　　　　　　　　大村　龍太郎………　66

3 研究奨励賞

研究奨励賞の審査経過について／木原俊行 ……………………………………………　80
受賞にあたって／松田香南 …………………………………………………………………　80
　　　　　　　　深見智一 …………………………………………………………………　81
日本教師教育学会2024年度研究奨励賞　審査報告書 …………………………………　83

日本教師教育学会年報（第33号）

4 研究倫理の広場

—— 調査開始から論文掲載までのプロセスにおける研究倫理 ——

長谷川哲也／小田郁予／伊勢本大／研究倫理委員会

（菊地原守・半澤礼之・村井大介・瀧本知加・金馬国晴） ……… 86

5 書評・文献紹介

〈書評〉

姫野完治 著 『教師の学びとライフヒストリー —— 若き８人の学びの軌跡』

川村　光……… 94

前田麦穂 著 『戦後日本の教員採用 —— 試験はなぜ始まり普及したのか』

岩田　康之……… 97

小野由美子 著 『南アフリカへの授業研究の移転に関する研究』　　姫野　完治……… 100

〈文献紹介〉

日本教師教育学会 編 『「令和の日本型」教育と教師 —— 新たな教師の学びを考える』

森　久佳……… 103

山﨑準二・紅林伸幸 編著 『専門職として成長しつづける教師になるために —— 教職詳説』

和井田　節子……… 104

中村映子 著 『包摂の学級経営 —— 若手教師は現場で主体的に育っていく』

八田　幸恵……… 105

橘髙佳恵 著 『オープン・エデュケーションの本流 —— ノースダコタ・グループとその周辺』

佐久間　亜紀……… 106

日本教師教育学会年報（第33号）

6 第33回大会の記録

【シンポジウム】
　学校教育の変革主体としての教師 ……………………………………… 108
【課題研究Ⅰ】
　学校教育の変容と教師
　　── 個人化された学習の時代を超えて ── ……………………… 110
【課題研究Ⅱ】
　大学における教職課程の「グランドデザイン」 ……………………… 112
【課題研究Ⅲ】
　多様な教職ルートの構造と実態に関する国際比較研究（3）
　　多様な教職ルートが教師教育に問いかけること：各国の類型化と日本の位置 ……… 114

7 日本教師教育学会関係記事

　1　日本教師教育学会第12期（2023年10月2日－2026年10月）役員・幹事等一覧 ……… 118
　2　日本教師教育学会活動履歴 ……………………………………………… 119
　3　日本教師教育学会会則 …………………………………………………… 123
　4　日本教師教育学会研究倫理関係規程等 ………………………………… 125
　5　日本教師教育学会役員選出規程 ………………………………………… 127
　6　日本教師教育学会年報編集委員会関係規程等 ………………………… 130
　7　褒賞委員会関係規程等 …………………………………………………… 139
　8　研究推進委員会規程 ……………………………………………………… 140
　9　日本教師教育学会申し合わせ事項 ……………………………………… 141
　10　日本教師教育学会入会のご案内 ………………………………………… 147

〔年報第33号　第12期編集委員会活動記録〕 ………………………………… 150

日本教師教育学会年報
第33号

1

〈特集〉
「教師像」を再考する
──教師像と教師のアイデンティティ──

〈特集〉趣旨と概要

「教師像」を再考する
——教師像と教師のアイデンティティ——

1．問題設定

20世紀末から急速に進んだグローバル化や情報通信技術の革新は、学校教育にも制度的、社会的、文化的な環境変化をもたらしています。急速な変化に学校の教育現場で応答する教師は、変化に対応する実践や改革の実効性に影響することから、教師に高度な専門性を求め、その質保証を具体化する教師教育とその政策の議論に多くの期待と関心が寄せられてきました。

「教師像」という言葉は、文部科学省や中央教育審議会における新たな時代の教育を担う教師に求める資質能力や役割の議論に頻繁に登場し、関連する政策文書や教員採用試験の要項で用いられてきました。また、教員育成指標は「教師像」の構成因子を整理して明示することで、新たな時代の教師としての職能成長の枠組みを示しています。

こうした「教師像」が描く教師に必要な資質能力の確保と向上を図る議論の多くは、教職の実践主体に必要な知識や技能を形成する育成や研修の対象として、また受益者として教師を捉える傾向を示しています。その一方で、教師がそれぞれの教育実践や社会との関わりを通じて自らのあり方や役割を再考し、それぞれが能動的に構築する職業的なアイデンティティに、外から求められて期待された「教師像」が与える影響については、未だ十分に探究されていません。

このため、この特集では、教師の職業的なアイデンティティ形成とその基盤を再考し、近年の制度的、社会的、文化的な環境変化のなかで、教師の外から示される「教師像」との関係を教師教育研究の対象とする認識を喚起することを目指しました。

2．特集論文の構成と概要

特集は5本の論文及びナラティブで構成されています。これまで本学会で必ずしも十分に議論されてこなかったテーマを取り上げるにあたり、教師教育の研究的な視点からの議論にとどまらず、教育実践の現場で教師像と教師アイデンティティをとらえる視点の議論の双方を掲載することで、特集テーマが設定する問題をめぐる認識のあり方や、問題を認識する主体間の差を確認し、この先の議論に必要な前提の整理に活用されることを期待しています。

2．1．理論的アプローチ

そこでまず教師像と教師アイデンティティをめぐる問題に理論的な視点からアプローチする3本の論文をはじめに掲載しています：

・佐藤仁（福岡大学）「客体としての教師教育を問い直す—複雑系とインターセクショナリティを手がかりに」
・高井良健一（東京経済大学）「教師のライフヒストリー研究と『教師像』—小さな物語のネットワークとして」
・井藤元（東京理科大学）「『生ける教師像』との邂逅—シュタイナー学校の教員養成過程における教師像の再構築」

佐藤は、学校組織の一員であり、公教育システムによって存在が位置付けられる教師の客体性を確認して、教師像に限らず、教師教育自体もが政策や制度の枠組みで外部から規定される客体の側面を持つことを指摘します。そのうえで、教師教育が自らを客体化する枠組みに主体的に参画することで枠組みを強化する課題を克

服する視角として、教師教育の営みの多様性とそこに在る相互作用を「複雑系」として示し、教師のアイデンティティが社会的な相互作用を伴って構築されることを論じています。

高井良は、国家や行政が策定する「教師像」が教員の多様で豊かなライフヒストリーを制約する側面を批判し、トップダウンの教員研修のパラダイムから「小さな物語」を用いたボトムアップの学びに転換する必要性を論じています。

井藤は、教育行政や政策によって示される「教師像」が、すべての教師が目指すべきモデルとして認識されるのに対して、「教師アイデンティティ」は教師が自らの個別の経験や関係性の中から形成する自律的な概念であるとしています。そのうえで、シュタイナー学校の教員養成プログラムを事例に、共通理念を持ちながらも多様な教師の姿（教師像）が生まれる過程を描き、教師自らのアイデンティティ形成の重要性を論じています。

2.2. 実践のアンソロジー

前半での「教師像」と「教師アイデンティティ」をめぐる理論的な考察を踏まえ、特集の後半には学校とその教育実践の現場のナラティブを通じて、「教師像」と「教師アイデンティティ」を教師がどう身体化しているのかを描く教職員のアンソロジーを掲載しています。わが国でいうところの外から示される「教師像」を概念として持たないオーストラリアと、国内の実践現場で教師として、また教師と係る伴走者の2本を掲載しています：

- 真田理史（元高等学校教員・オーストラリア・ビクトリア州）「ビクトリア州における教師像の社会的形成について」
- 石川晋（NPO授業づくりネットワーク）「学校をトボトボ歩きながら見聞きし、考えていること」

真田は、オーストラリアでの教師像が、教育政策と社会経済的な視点を反映してスタンダードに基づく職務遂行能力を強く意識させる一方

で、教師アイデンティティが個々の教員の経験や自己認識に基づいて形成される様相を示し、特にオーストラリア・ビクトリア州の教育現場において、これら二つの概念がどう相互に影響し、教員の雇用形態や評価との結びついているのかについての具体的事例を示しています。

最後に、年間を通じて数多くの学校現場で伴走者として個々の教師の実践に埋め込められた悩みや苦しみに接する石川は、伴走者としての自らの経験を綴ることで、実践現場にある多彩な教師像を描いています。そのうえで、学校や教師を支えることに加えて、学校内外のリソースを結ぶ伴走者としての自らの在り方に思索をめぐらす実践者の語りを示しています。

3. 理論と実践を往還する思索への期待

本特集では、理論的な視点からの考察と実践のアンソロジーとの往還を通じて、それぞれが特集のテーマについて考察し、新たな議論が生まれることを期待しています。

〈特集〉「教師像」を再考する

客体としての教師教育を問い直す
——複雑系とインターセクショナリティを手がかりに——

佐藤　仁（福岡大学）

はじめに

　近年、「学び続ける教師」に代表される政策的な教師像に対して、教師が客体として位置づけられている点が指摘されてきた。ここでいう客体とは、ある制度や政策といった外からの枠組みが教師を対象化していることを意味する。例えば、教師が「行政機関が一方的に決定した施策の『受け手』」（髙橋 2023：107）となっていることや、行政主導の研修に対して「教員はあくまでも客体として位置付けられて」（松田 2020：103）いることが指摘されている。こうした教師の客体化は、専門職の教師としての自律性に影響を与える点から危惧されることになるが（例えば中嶋 2013）、教師が客体であることは、それだけで単純に否定されるものではない。なぜなら、教師が学校組織の一員であること、そして公教育というシステムの中でその存在が位置づけられることを踏まえれば、学校や公教育の目指す方向性という枠組みに対する客体として、教師は現に存在するからである。ただし、この時、「組織の目標が働く者の主観レベルにおいて無理なく根づき、個人の要求や願望と組織の目標を一致させること」（勝野 2007：13）が前提となる。ゆえに、枠組みそのものへの教師の主体的な参画や定位が客体としての教師からの転換をめぐって議論されることになり、それが教師の自律性を保障する方途として検討されることになる。

　百合田（2022）によれば、教師を「制度的質保証の管理対象から協働的に質保証を担う責任主体に変容」（27）させる議論は、国際的な動向であり、その実践例として継続的な専門職の学習（continuous professional learning）を挙げている。教師が主体的に継続的な専門職の学習に参画し、協働的な学びを通して成長していく場を形成したり、そこに参加できるような機会を構築したりすることによって、客体としての教師を転換することが期待されるわけである。客体としての教師の転換をめぐっては、浜田（2017）が指摘する「教職の専門性」のガバナンスのあり方も、その具体的な議論と言えよう。それは、教員育成指標や教職課程コアカリキュラムといった教師教育システムの方向（目標）を策定する主体が行政中心であることに対して、専門家の一つの側面として実践者である教師を明確にガバナンスに位置づけることで、教職の専門性の正統化を図ろうとするものである。

　本稿は、こうした客体としての教師の転換をどのように進めることができるのか、という議論に与するものである。その際、議論の焦点を教師教育に当てたい。施策の「受け手」としての教師を指摘した髙橋（2023）は、その転換の姿として、「自らの専門性を規定する制度自体に働きかける『もの言う教師像』」（107）を挙げる。一方で、これまでの教師教育は「もの言う教師」を育ててきたのかと現状を鋭く考察している。それは、例えば継続的な専門職の学習に参加する条件をすべて整えたところで、はたして教師は主体的にそれに参加するのか、またガバナンスに教師を定位させたところで、はたしてその専門性を発揮した役割を果たせるのか、

そしてそもそも参加や役割を主体的に果たす教師を育成してきたのか、ということを問うている。

本稿はこの問いに対して、以下のように論を展開しながら、答えていきたい。まず、前提として確認しておきたいのが、客体としての教師を転換するための教師教育も、客体化されているという現状である。例えば、「新たな教師の学びの姿」を構想した2022年12月に示された中央教育審議会答申は、「『令和の日本型学校教育』を担う教師の養成・採用・研修等の在り方について」という題の通り、「令和の日本型学校教育」を「担う」ための教師が前提とされている。そして、そうした教師を養成・採用・研修する教師教育そのものも、「令和の日本型学校教育」の実現という一つの政策的枠組みの中で客体化される。こうした状況は、「政策問題としての教師教育（teacher education as a policy problem）」（Cochran-Smith 2004）を具体化しているものであり、そこに潜む課題を乗り越えなければ、客体としての教師の転換を教師教育が担うことはできない。本稿では、「政策問題としての教師教育」を乗り越える方途として、教師教育を「複雑系（complex system）」として定位する議論に着目して、その特徴を検討する。

その上で、より具体的な議論に向けて、継続的な専門職の学習や「教職の専門性」のガバナンスに主体的に参加するための教師のアイデンティティ構築に焦点を当てる。教師のアイデンティティをめぐっては、個人的な発達の側面だけではなく、社会的な相互作用を通して進められる点や、アイデンティティは構築物であり構築するプロセスそのものである点が指摘されている（Steadman 2023；山内 2022）。そうした特質を踏まえれば、教師または教師志望者が自らを取り巻く社会とどう関係づけて理解するのか、そして自らが社会とどう関わっていくのかという問いが重要になり、そうした社会との関わりを保障することが教師教育に求められることになる。例えば、アメリカで展開されている「社会正義を志向する教師教育」は、公正な社会

の実現における教師の存在を重視し、社会との関わりの中で教師を育成しようとするものである（高野 2023）。本稿では、社会正義を志向する教師教育と関連して、教師教育において教師や教師志望者が社会と関わる視角として、「インターセクショナリティ（intersectionality）」を取り上げる。インターセクショナリティは、多様性を捉える視点として、人種やジェンダーといった一つのカテゴリーやイシューで差別を捉えるのではなく、その人を構成する様々な要素が関わり、交差している中で差別が存在していることに着目するものである。こうしたインターセクショナリティの視点から教師教育を捉えることは、教師のアイデンティティ構築を個人の発達の側面だけではなく、社会との関わりの中で捉えることにつながる。そこで本稿では、インターセクショナリティというレンズを通して、客体としての教師教育を問い直す可能性を提示する。

本稿は、主にアメリカを中心とした欧米における教師教育研究を検討対象とする。なお、本稿では特に断りのない場合、教師教育を教員養成と現職教育の両方を包含するものとする。

1. 教師教育の客体化の背景：「政策問題としての教師教育」から

アメリカの教育学者であるコクラン＝スミス（Marilyn Cochran-Smith）は、1950年代以降のアメリカ教師教育研究をレビューした上で、教師教育の歴史的展開を「問題（problem）」に着目し、三つのフェーズに整理している（Cochran-Smith 2004; Cochran-Smith & Fries 2005）。ここでいう問題とは、ネガティブな意味の問題というよりはむしろ、教師教育をめぐって直面している課題や研究としてのイシュー等を意味している。なお三つは排他的なものではなく、それぞれの時期に支配的となっている枠組みと位置づけられている。

まず1950年代から1980年代初頭にかけては、「訓練（training）の問題としての教師教育」のフェーズとされている。効果的な教師の行動や

技術に着目し、それをいかに教師や教師志望者に身につけさせるか（訓練するか）、ということが教師教育の課題とされた。例えば、1970年代では行動主義の影響を背景に、「コンピテンシーに基づく教師教育（competency-based teacher education）」が研究においても実践においても隆盛し、マイクロティーチングといった方法論が教師教育で活用されるようになった。ただし、行動と訓練を単純に結び付ける点や、「教える」という行為の複雑性や文脈性が軽視されている点をめぐって批判がなされていった。

次に1980年代初頭から2000年代初頭にかけてのフェーズは、「学習（learning）の問題としての教師教育」と位置づけられる。上述した「訓練の問題としての教師教育」への批判を踏まえて、教師の行動や技術ではなく、教科内容や教授法に関する知識、スキル、性向といった教師の知識基礎（knowledge base）や教師の信念・態度を明確にし、教師教育を通して、それらを学び発達させていくことが目指された。例えば、教員養成の現場では、教師志望者が有している信念や経験をベースにしながら、コースワークだけでなく、現場での経験や他の活動を含めた学びの中でそれらを変化させていくような「教えることを学ぶ（learning to teach）」活動が展開された。ただし、「学習の問題としての教師教育」をめぐっては、教師の学びに焦点を当てた一方で、そうした教師の学びと児童生徒の学習との関係性が明確に議論されなかったという問題が指摘されるようになった。

最後のフェーズが、1990年代半ばから2000年代にかけての「政策問題としての教師教育」である。その本質は、「どのような広範な教師教育政策（教師教育機関、州、連邦政府の政策立案者が管理可能なもの）が、望ましい成果、特に学業達成度テストにおける児童生徒の伸長に最もポジティブな影響を与えそうかを同定すること」（Cochran-Smith & Fries 2005：97）とされている。そのため、研究としては、費用対効果等をめぐる実証的なエビデンスを創出することが目指され、それらを基に政策や実践が展開され

ることになる。

「政策問題としての教師教育」の背景（もしくは結果）には、1990年代から進められたアメリカにおける教育アカウンタビリティ政策があることは容易に想像できる。「どの子も置き去りにしない法（No Child Left Behind Act）」に代表されるアカウンタビリティ政策は、学校に対して児童生徒の学業達成度テストの結果をベースにしたアカウンタビリティを求め、その結果によっては学校再編を含む強硬な措置をとるものであった（髙橋 2012）。児童生徒の学業達成度の向上が教育活動の中心に位置づくことによって、教師の質もその観点から捉えられるようになる。そして、児童生徒の学業達成度の向上に資する教師を育成しているかどうかが、教師教育のアカウンタビリティとして求められることになる。

「政策問題としての教師教育」は、その枠組みが示された2004年以降、現在においても、強力な枠組みとして存在し続けている（Cochran-Smith 2023）。上述した児童生徒の学業達成度と教師教育のアカウンタビリティの関係は、2010年代から「付加価値評価（value-added assessment）」という形で連邦政府や州の教師教育政策に落とし込まれていった（佐藤 2014）。付加価値評価とは、児童生徒の学業達成度やその伸長度に教師がどの程度貢献したのかを測定する評価である。教師教育の文脈では、ある教員養成プログラムの修了生の付加価値評価の結果が、そのプログラムの成果として評価されることになる。例えば、教員養成プログラムを外的に評価するアクレディテーションの仕組みにおいても、プログラムの成果の一つとして、付加価値評価の結果をエビデンスとして示すことが求められている（コクラン＝スミス他 2018/2022）。

この「政策問題としての教師教育」は、本稿の「はじめに」で議論した客体としての教師教育をより現実的な文脈で示した枠組みであることが理解できよう。ある政策目標、すなわちアメリカの文脈では児童生徒の学業達成度の向上

を実現するために教師の質が規定され、客体として位置づけられる。そして、そうした教師を育成する教師教育という営み自体も、その政策目標の客体として位置づけられるわけである。日本の場合、アメリカのような児童生徒の学業達成度を軸にしたアカウンタビリティの仕組みはないため、目に見えるような客体化とはなっていないが、一定の政策目標が教師教育を客体と位置づけている構図は変わらないであろう。「教員養成段階においては、これまでの教育の単なる再生産に陥るのではなく、教職志願者の「授業観・学習観」の転換を図り、『令和の日本型学校教育』を担うにふさわしい教師を育成する必要がある」（中央教育審議会 2022：24）と示されているように、「令和の日本型学校教育」の実現という政策枠組みでの教師教育の位置づけがそれを表している。

では、「政策問題としての教師教育」は何が課題となるのだろうか。この問いに答えることで、客体としての教師教育に潜む問題を次の節で確認していこう。

2．「政策問題としての教師教育」が抱える課題

「政策問題としての教師教育」の前提は、教師教育を児童生徒の学業達成度との関係において、線形的に位置づけることにある。その意味では、上述した「訓練の問題としての教師教育」と類似することになり、児童生徒の学業達成度に対して効果的であると示された政策が、教師教育として「正しい」政策とみなされることになる（Cochran-Smith & Fries 2005）。また、教師教育において効果のある政策や方策（例えば、教員養成プログラムの入学基準を厳しくすることや、教育実習の期間を延ばすこと等）を同定し、それらを一つずつ実施していくことで、教師教育全体の効果を高めることができるという仕組みが前提となっている（Mayer 2021）。

こうした前提を踏まえると、「政策問題としての教師教育」は、児童生徒の学業達成度の向上と教師教育の関係性をよりタイトにするよう

に働く。そして、そうした関係性が成立しているかを問う教師教育のアカウンタビリティが強化されていくことになる。この点は、「教師の中心性の言説（discourse of teacher centrality）」（Larsen 2010）とも大きく関わる。この言説は、「教師が最も重要である（teachers matter most）」という言葉で示されるように、教育活動の成否が教師に委ねられる言説を指している。日本でも、例えば「教育は人なり」という言葉を通して、さまざまな政策文書等の中で教師の中心性が示されてきた（文部科学省初等中等教育局教職員課 2016；中央教育審議会 2006）。「学校教育の成否は、教師の力に大きく依存していることは言うまでもない」（中央教育審議会 2022：4）と指摘があるように、現在でも見られる言説である。

教師の中心性の言説は、政策における教師の役割を重視し、公教育における教師という存在意義を高める側面がある。しかし一方で、政策がうまくいかなかった時の責任や批判を教師が引き取るはめになる側面もある（Larsen 2010）。そしてその度に、資格要件の厳格化やパフォーマンス評価等を中心に教師を管理するツールが導入されることになり、さらに教師の中心性の言説が強化されることになる。こうした構図の中で、教師教育も同様にアカウンタビリティが強化されていく。具体的には、上述したように、児童生徒の学業達成度との関係を軸にした教師教育のアカウンタビリティシステムが構築されることがその証左であろう（コクラン＝スミス他 2018/2022）。

このように児童生徒の学業達成度という単独の目標の中で教師教育が位置づけられること、そしてその枠組みで教師教育という営みが展開することは、教師教育が有する多様な目的や可能性が軽視されることにつながる。例えば、アメリカの文脈では、困難な地域の学校への教師の輩出、教育の公正に向けた教師の活動やアドボカシー等も教師教育の目的として存在しているわけであり、児童生徒の学業達成度の向上だけが教師教育の目的ではないとされている

〈特集〉「教師像」を再考する　13

（Cochran-Smith & Fries 2005）。

とはいえ、「はじめに」で指摘したように、公教育において教師は客体として位置づけられる存在であり、そうした教師を育成する教師教育という営みも客体化されることになる。また、児童生徒の学業達成度を向上させることは重要な教育課題であるし、「令和の日本型学校教育」に示される内容には重要な論点が含まれている。ここで問いたいのはむしろ、「政策問題としての教師教育」が、一つの政策的な枠組みの中で教師教育を客体化してしまうことであり、その政策的な枠組みを所与のものとして位置づけてしまうことである。そして、それは社会における教師の役割や、そうした教師を育成する教師教育という営みそのものの可能性を狭めることになるのではないかと考えられるわけである。

この構図、すなわち一つの政策枠組の中で教師または教師教育が位置づけられることは、近年のアカウンタビリティ制度下における教師の基準に関する議論ともつながる。Sachs（2016）は、教師の基準の作用として、基準の参照を通した教師の発達の側面を認めつつ、実際は政府に従順であることやアカウンタビリティのアプローチに焦点化されていると指摘し、その影響は次のようになると指摘する。

短期的には、教師や学校管理職が、その時々の政府の利害や短期の政治的レトリックに捕らわれた状態になることがある。学校や児童生徒がうまくいっていない状態になると、教師の質に対する疑問が提示され、それが大々的に取り上げられ、政治的介入につながる。また、政府の命令に常に反応するような、従順な教師を生み出すことにもなる。中期的には、教師はリスクを回避するようになり、意思決定が制限され、「テストに合わせて教える（teach to the test）」という考え方に向かい始める。長期的には、教師が自らの判断に臆病になり、スキルが低下し、コミュニティにおいて技術労働者（technical worker）として認識されるようになる（Ibid.：417）。

この指摘は、教師の発達やアイデンティティの構築が基準の枠内で完結することの問題性を指している。教師のアイデンティティ構築は、ダイナミックに展開する社会的な相互作用的なプロセスであり、「すべての教師の多様な経験に注意を向け、尊重する」（Olsen 2012：1124）ものである。一つの政策枠組みの中で教師および教師教育が位置づけられることは、そうした場や機会の幅を狭めることになり、その結果、客体としての教師の転換を進めることは困難になろう。

以上を整理すれば、「政策問題としての教師教育」の課題は、教師教育の狭隘化にあり、それによって枠組みへの教師の主体的な参画や、枠組みの設定に主体的に役割を果たす教師の育成を展開する余地が狭まってしまうということであろう。その意味で、客体としての教師教育を乗り越える視角としては、大きく二つ考えられる。一つは、そもそも教師教育という営みが多様であることを明確化することで、客体としての教師教育を乗り越える可能性を提示することである。もう一つは、その上で教師教育において、一つの政策枠組みの中ではなく、社会的な相互作用の中で教師のアイデンティティを構築する機会を提供する論点を検討することである。以下、それぞれについて論じていく。

3. 複雑系として教師教育を定位する

教師教育、特に教員養成の目的は、教師の輩出であり、より具体的に言えば、学生に教員免許状を取得させること、教職に就かせることにあるといえる。事実、日本では、教育職員免許法施行規則第26条の6において教職課程の情報公表の一部として、卒業者の教員免許状の取得および卒業者の教員への就職に関する情報が規定されている。では、この二点だけで教員養成（プログラム）で行われているすべての取り組みが説明されうるだろうか。例えば、教育実習生が学校の児童生徒や学校組織に与える影響、教員養成に携わる大学教員の研究成果や教育実践等、すべての取り組みが教員の輩出のみに集

約されるわけではない。そして、そうした教員養成の多様な取組みは、「政策問題としての教師教育」で示されるような線形型の構図では捉えきれないだろう。この線形型の構図を乗り越える議論として取り上げたいのが、複雑系である。

複雑系とは、ものごとを要素に分解してそれぞれの要素を解明して全体を把握するという還元主義ではなく、「システムを構成する要素の振舞いのルールが、全体の文脈によって動的に変化してしまうシステム」（井庭・福原1998：3）である。複雑系においては、「創発」が鍵になっており、個々の要素が相互作用することによって全体的な性質が生まれ、そうした全体的な性質がそれぞれの要素に影響を与える「トップダウンとボトムアップの両過程を組み込んだ、きわめて動的な『システム』概念」（鈴木2001：154）とされている。

複雑性をベースに教員養成の構図を考えた場合、教員養成を構成する種々の要素（コースワーク、教育実習、課外活動、学校との連携、教師教育者等）は、すべて「教員の輩出」のみに還元されるものではなく、それぞれの要素が相互に影響を与えながら教員養成が成立していることを意味する。そして、そうした全体的な構造が個々の要素に影響を与え、さらに要素間の相互作用により教員養成全体が変化していくわけである。Cochran-Smith, et al.（2014）は、複雑系の特徴と教員養成の関係性を表のように整理している。例えば教員養成がさまざまなシステムと交差していること、教員養成教育が非線形で複数の相互作用で展開されることにみられるように、教員養成は複雑系として理解されるだろうし、現に複雑系として存在していることがわかる。

またEll, et al.（2018）は、教員養成が児童生徒の学習に与えるインパクトという点から、より具体的な複雑系としての教員養成の姿を示している。線形型の構図に従えば、教員養成によって育成された教師が児童生徒に教えることで、かれらの学習にインパクトを及ぼす（学業

達成度を上げる）という構図になる。しかし、三つの視点を使って、複雑系からその構図を組み替えている。

一つめは、そもそも児童生徒の学習に教師がインパクトを及ぼすということの外周として、学校やコミュニティの環境、地方自治体の施策や国の政策といった要素が存在している点であり、それらの要素の相互作用によって児童生徒の学習にインパクトが生じるということである。二つめは、教師教育はこうした構図の様々な要素に交差する点である。例えば、教員養成プログラムと連携している学校は、教育実習生や教師教育者とのやり取りによって、新しい学校の取組みを始めるかもしれない。またカリキュラムの専門家としての教師教育者は、政策立案に関与するかもしれない。それは、教員養成が単に児童生徒に対峙する教師にのみインパクトを与えるわけではないことを意味する。そして三つめは、児童生徒の学習に対して、教員養成を構成する様々な要素がインパクトを及ぼすという点である。具体的には、教師志望者、教師教育者、プログラム、教育研究の4つが挙げられている。例えば、教師志望者の有するスキル（言語やスポーツ等）が児童生徒だけではなく、教育実習先の学校やコミュニティも利用可能になるかもしれない。教師教育者による教育研究によって、政策立案や学校現場での決定が促されるかもしれない。

このような複雑系としての教員養成のモデルは、「教員養成の貢献が、教育システムから切り離されて存在し『製品』以外に影響を及ぼさないという『新卒者工場』であることを超えて拡張していく」（Ell, et al. 2018：182）ことを意味している。それは、「教員を輩出する」ことだけに教員養成の取組みが還元されるわけではなく、多様な教員養成の目的を表していよう。

以上見てきたように、教師教育を複雑系として捉えると、もはや教師教育は単に客体として存在するものではないことが見えてくる。教師を輩出するという目的に沿った活動のみから構成されているのではなく、そこで展開されるさ

表　複雑系と教員養成の関係

複雑系の特徴	教員養成の文脈（事例を含め）
初期条件とコントロール・パラメータによって決定される形態であり、他のシステムと入れ子状になり、他のシステムと交差するような、オープンではあるが境界のあるシステム	大学の教員養成プログラムは、その組織的な位置づけと教員免許の構造によって境界が定義される一方で、より広範な教師教育や教育制度全般の中で入れ子になっている。教員養成は、個人、学校制度、家族制度、法制度等と交差する。また、教員養成は複数のレベルで複雑なシステムであり、その中には、個々の参加者、州や国の認定や免許システム、教師教育に従事する関係者や研究者、国内および国際的なネットワーク等が含まれる。
非線形で、範囲が短く、冗長で、多様な複数の相互作用によって特徴づけられる	例えば、教員養成における大規模講義で学生に課題が出された場合、授業担当者が説明する一方で、少人数のグループやチュートリアルグループのリーダーによって解釈、修正、補強される。また、授業担当者の目に届かないメディアを通じて課題について学生が互いにやり取りすることで、さらに再解釈される。結果的に、特定の課題の目的や要件に対する複数の解釈が出現する可能性があり、そのどれもが授業担当者の当初の意図とは一致しなくなる。
動的であり、平衡とは程遠い	無数の要素が常に相互作用している教師教育は、実際の規模や影響力、知名度の拡大や縮小はあっても、決して立ち止まるものではない。例えば、あるスクールリーダーは、教師志望者を送りだす教員養成プログラムの期待に関する情報が不足していると感じ、不満を示す。このような否定的な認識は、学校がそのプログラムから学生を受け入れないという決断につながるかもしれない。しかし、それは新たな学校と大学の連携につながり、学校での教師志望者の経験を組織化し評価する革新的な方法を促すかもしれない。
フィードバック・ループを通じて変化し、成長し、学習し、そこでは小さな変化が大きな変化をもたらす	例えば、一人の教師志望者が学校での望ましい出来事を目撃し、その後、この出来事について複数の教師志望者に話し、さらにかれらがまた他の仲間に話すかもしれない。時間が経つにつれ、その学校は教師志望者の間で「素晴らしい学校」とみなされ、最終的には、その学校での直接の経験がなくても、教師志望者がその学校への配属を希望するようになるかもしれない。
複雑系は自己生産的であり、自己増殖的であり、創発の状態にある	例えば、いくつかの国の教員養成では、アカウンタビリティの概念の変化や、市場ベースの改革への重点の高まりなど、過去30年間で政治的・政策的環境が劇的に変化した。このような要求の変化に対応するために、良くも悪くも新しい種類のプログラム構造や教職への道筋が登場した。また教員養成システムはパフォーマンス評価を重視するようになった。

（注）Cochran-Smith, et al. (2014: 6-9) より筆者作成。

まざまな取り組みが、予期せぬ結果をもたらしたり、相互に影響を与えてそれぞれの構成要素を変化させたりする。教師教育の多様性という考えは、一つの政策枠組みで教師教育を定位することを転換する理由となろう。また複雑系が構成要素によるボトムアップの変化を促すものであれば、教師教育の多様な取組みから、前提となる政策的枠組みを変化させていく道筋も見えてくるだろう。そうした環境下でこそ、枠組みに対する教師の主体的な参画も可能になるはずである。

4．インターセクショナリティのレンズから教師教育を構想する

髙橋（2023）が指摘した「もの言う教師」は、制度へ働きかける教師という点において、社会的な存在として教師を位置づけるものと捉えられる。同様に志水（2021）が提起した「社会派教師」という教師像も、社会との関係性の中で教師を捉えようとするものである。それは、「差別や不平等といった社会問題に関心を持ち、教育の力によってそれらを克服し、よりよい社会を築いていこうとする意志を持つ教師」（志水2021）と定義されている。そして社会派教師の持つ力として、「社会学的想像力」を挙げ、子どもが一定の社会的・経済的・文化的な文脈の中で存在していることや、そうした子どもの抱えている問題が個人ではなくより大きな社会の問題に影響を受けていることなどを踏まえて、それをできるところから変えていくことを求めている。このように教師が社会を認識するための「レンズ」として、近年、教師教育の分野でも取

り上げられているのが、インターセクショナリティである。

インターセクショナリティは、社会における差別や不平等を捉える分析枠組みとして、ジェンダー研究や障害研究をはじめ、様々な研究領域において議論されている。その定義は一様ではないが、コリンズとビルゲ（2020/2021）によれば、次のように説明されている。

インターセクショナリティとは、交差する権力関係が様々な社会にまたがる社会的関係や個人の日常的経験にどのように影響をおよぼすのかについて検討する概念である。分析ツールとしてのインターセクショナリティは、とりわけ人種、階級、ジェンダー、セクシュアリティ、ネイション、アビリティ、エスニシティ、そして年齢などの数々のカテゴリーを、相互に関係し、形成し合っているものとして捉える。インターセクショナリティは、世界や人々、そして人間経験における複雑さを理解し、説明する方法である（16）。

アカデミックな文脈で初めてインターセクショナリティを議論したとされるアメリカの法学者クレンショー（Kimberle Crenshaw）は、黒人女性の置かれている差別の状況について、「黒人」そして「女性」のどちらのカテゴリーでも除外されており、人種とジェンダーの交差を踏まえて差別が捉えられていない点を指摘した（Crenshaw 1989）。そうした差別を捉える枠組みの一つがインターセクショナリティであるが、それは、カテゴリーによる差別の総和として黒人女性の差別を捉えればよいというわけではない。また例えば「黒人のセクシャルマイノリティの女性」といったように、カテゴリーを絞り込んで、より少数派の差別に焦点を絞るものではない。むしろ、インターセクショナリティは「これまで注意深く視野から外されてきた部分までを視野に収めるように焦点を絞り直して視野を広げていく作業」（清水 2021：157）である。それにより、インターセクショナリティは

個人が置かれている差別や抑圧の状況、また社会における権力関係を広範に把握することを可能にする枠組みとして機能する。

分析枠組みとしてのインターセクショナリティは、教育研究においても、その意味や有用性が議論されてきた。Grant and Zwier（2012）は、インターセクショナリティの原理として、次の三つを説明している（1263）。一つめは、社会正義の問題を分析し、周縁化された集団に代わって効果的な介入を計画し、連合したアドボカシーを推進するために、教育政策や実践を分析するレンズを提供することである。二つめは、自身のアイデンティティの相互関連性を分析し、アイデンティティのある側面を意図的もしくは無意図的に無視している様子に目を向けるように促すことである。三つめは、個人や集団がどこで、いつ、そして誰に関して権力や特権を働かせているのかといった問いを生み出すことである。それぞれを整理するのであれば、社会正義の観点からの政策・実践の分析とそれに基づく具体的な行動への展開、個人のアイデンティティの深い理解と構築、そして社会における権力性の可視化の推進にインターセクショナリティの意義があると言えよう。こうした特徴は、クレンショー自身がインターセクショナリティを議論する際に批判的人種理論（critical race theory）から着想を得ていること（Crenshaw 1990：1242）、そしてインターセクショナリティと批判的教育学（critical pedagogy）との親和性が高いこと（コリンズ・ビルゲ 2020/2021）等が反映されている。

では、教師教育の文脈として、教師自身がインターセクショナリティを分析枠組みとして活用することで、何ができるようになるのかを検討してみよう。まず指摘できるのが、教師が対峙する児童生徒をどのように見るかという点である。インターセクショナリティのレンズを通せば、一人の児童生徒は一つのカテゴリー（人種やジェンダー等）に属しているわけでないことが見える。逆に一つのカテゴリーで多様な児童生徒を捉えると、否定的なステレオタイプや

〈特集〉「教師像」を再考する　17

偏見が無意図的にも指導に反映されてしまう。例えば、アメリカにおいて黒人の児童生徒に対する懲戒が、それ以外の人種の児童生徒と比べて量的にも質的にも異なることは、研究において指摘されてきた（ラドソン＝ビリングズ2009/2017）。これは、教師が有する児童生徒に対する「欠損ベース」（deficit-based）の思考から生じる問題である。インターセクショナリティのレンズは、そうした思考を一旦、すべて取り出し、多様な児童生徒を捉えることで、「資源ベース」（asset-based）の思考へと転換することを可能にする（Carey, et al. 2018）。資源ベースに基づく教育をめぐっては、「文化に関連する教授（culturally relevant pedagogy）」や、「文化に対応した教授（culturally responsive teaching）」のような方法論的実践が進められており（Ladson-Billings 2021；金井 2020）、それらは教師教育の領域へと進展している。

　また、多様な児童生徒をインターセクショナリティのレンズから捉えることは、その児童生徒自身の置かれている状況から、社会における差別や抑圧の構造に気づき（再認識し）、そこに教師自身が働きかけるというアプローチを可能にする。この点は、インターセクショナリティが単なる分析枠組みではなく、社会正義の活動に焦点を当てた「批判的な実践（critical praxis）」としても位置づけられる点に起因する（Collins 2015）。志水（2021）が示した「社会派教師」をめぐっても、「手の届く範囲内で、子どもたちとともに課題を見いだし、その解決・改善に向けて教育活動を組み立てていくこと」(75)の重要性が指摘されており、行動に対する志向性が取り上げられている。アメリカの教師教育では、以前より、コミュニティを基盤とした教師教育の実践が進められており、そこでは児童生徒が生活しているコミュニティに教師志望者が関わることで社会的問題に気付いたり、実際にコミュニティの問題の解決に携わったりする活動が展開されている（Zeichner 2023）。

　さらに、こうした児童生徒への眼差しは、教師自身にも向けられることになる。インターセクショナリティのレンズを通すことで、教師は「自身の社会的アイデンティティ、特権の度合い、権力との関係性の次元を考察して定位する」（Caruthers and Carter：1271）ことになる。それは、教師のアイデンティティ構築を自身と社会との関係の中で進めることを求める。アメリカでは、特に白人の教師に焦点を当て、社会における白人の優位性である「白人性（Whiteness）」を問い直す教師教育の実践が進められてきた。ただし、自己への批判的な眼差しを促すことが時として過度の抑圧となることや、「白人性」のような規範や理念に重きを置きすぎた結果、教師志望者自身が有する認識や感情の変容に教師教育が十分に働きかけてこなかったという問題も指摘されている（太田 2023）。この点、インターセクショナリティが規範ではなく分析枠組みであることを踏まえれば、教師や教師志望者のアイデンティティへの着目をより強調することもできよう。

　客体としての教師教育を乗り越える視点としては、インターセクショナリティのレンズを通して、教師が児童生徒の現実から社会を捉え直すことで、学校という空間から社会への感度を向上させることができよう。また、教師のアイデンティティ構築を社会との関係から促すことで、教師自身が教師教育の前提となる枠組みを問うこともできよう。インターセクショナリティを軸とすることで、そうした教師の主体性の発揮に繋がる可能性が示唆される。

おわりに

　本稿では、客体としての教師の転換に関する研究の一つとして、一定の政策枠組みの中で客体として存在している教師教育をどのように転換できるかを検討してきた。具体的には、「政策問題としての教師教育」が教師教育の狭隘化をもたらす中で、複雑系として教師教育を定位すること、そしてインターセクショナリティのレンズから教師教育を構想することを試みた。前者に関しては、教師教育がさまざまな構成要素の相互作用によって成立している複雑系である

限り、一つの枠組みの客体として定位することには限界が生じる。むしろさまざまな取組みの相互作用から前提となる枠組みを問い直す可能性もあることが示された。後者に関してはインターセクショナリティのレンズによって、教師が社会に対する感度を上げることができ、社会との関係から教師のアイデンティティ構築が促進される。これにより、教師自身が教師教育の枠組みを問い直す主体として行動する可能性が示唆された。

　本稿で示したいくつかの概念や取組みは、すでに日本でも見られるものである。例えば複雑系としての教師教育は、梅澤（2023）による「機関包括型のアプローチ」の議論にもその要素が見られる。また、インターセクショナリティのレンズに関しては、大阪教育大学の副専攻プログラム「地域との連携協働によるダイバーシティと人権教育プログラム」において、複雑化している子どもを取り巻く課題に対して、子どもの生活背景を理解する視点の学びが進められている（池上他 2022）。

　本稿は、アメリカの教師教育の議論を分析材料としてきたが、日本の文脈で行われている教師教育の実践や議論においても、上述した事例に限らず、客体としての教師教育を問い直す視点が埋め込まれていると考える。そうした日本の文脈に基づく視点をベースにした上で、具体的に教師教育を通してどのように客体としての教師を転換させていくことができるかが次の問いになるが、これについては今後の研究課題としたい。

付記
　本稿は、JSPS科研費23K22244、23H00927、23H00935の助成を受けたものである。

引用文献
Carey, R. L., et al. (2018). Power, Penalty, and Critical Praxis: Employing Intersectionality in Educator Practices to Achieve School Equity. *The Education Forum*, 82: 111-130.

Caruthers, J. and Carter, P. L. (2012). Intersectionality of Race, Class, Gender, and Ethnicity. In Banks, J. (Ed.) *Encyclopedia of Diversity in Education*. Sage: 1270-1272.

Cochran-Smith, M. (2004). The Problem of Teacher Education. *Journal of Teacher Education*, 55(4): 295-299.

Cochran-Smith, M. (2023). What's "Problem of Teacher Education" in the 2020s? *Journal of Teacher Education*, 74 (2): 127-130.

Cochran-Smith, M., and Fries, K. (2005). Researching Teacher Education in Changing Times: Politics and Paradigm. In Cochran-Smith, M. and Zeichner, K. (Eds.) *Studying Teacher Education: The Report of the AERA Panel on Research and Teacher Education*. Routledge: 69-109.

Cochran-Smith, M., et al. (2014). The Challenge and Promise of Complexity Theory for Teacher Education Research. *Teachers College Record,* 116(4): 1-38.

Collins, P. H. (2015). Intersectionality's Definitional Dilemmas. *Annual Review of Sociology*, 41: 1-20.

Crenshaw, K. (1989). Demarginalizing the Intersection of Race and Sex: A Black Feminist Critique of Antidiscrimination Doctrine, Feminist Theory and Antiracist Politics. *University of Chicago Legal Forum*, 1989 (1): 139-167.

Crenshaw, K.(1991). Mapping the Margins: Intersectionality, Identity Politics, and Violence Against Women of Color. *Stanford Law Review*, 43(6): 1241-1299.

Ell, F., et al. (2018). Conceptualising the Impact of Initial Teacher Education. *The Australian Educational Researcher*, 46: 177-200.

Grant, C. and Zwier, E. (2012). Intersectionality and Education. In Banks, J. (Ed.) *Encyclopedia of Diversity in Education*. Sage: 1262-1270.

Ladson-Billings, G. (2021). *Culturally Relevant Pedagogy: Asking a Different Questions.* Teachers College Press.

Larsen, M. A. (2010). Troubling the Discourse of Teacher Centrality: A Comparative Perspective. *Jour-*

nal of Education Policy, 25(2): 207-231.

Mayer, D. (2021). The Connections and Disconnections between Teacher Education Policy and Research: Reframing Evidence. *Oxford Review of Education*, 47(1): 120-134.

Olsen, B. (2012). Identity Theory, Teacher Education, and Diversity. In Banks, J. (Ed.) *Encyclopedia of Diversity in Education*. Sage: 1122-1125.

Sachs, J. (2016). Teacher Professionalism: Why Are We Still Talking About It? *Teachers and Teaching*: *Theory and Practice*, 22: 413-425.

Steadman, S. (2023). *Identity*: *Keywords in Teacher Education*. Bloomsbury.

Zeichner, K. M. (2023). *Community*: *Keywords in Teacher Education*. Bloomsbury.

池上英明他（2022）「副専攻『地域との連携協働によるダイバーシティと人権教育プログラム』二年目の実践を終えて」『教育実践研究』16: 51-74。

井庭崇、福原義久（1998）『複雑系入門：知のフロンティアへの冒険』NTT出版。

梅澤収（2023）「機関包括型（whole-institution approach）の教師教育改革を考える：令和の日本型の学校教育を創る教師教育へ」日本教師教育学会編『「令和の日本型」教育と教師』学文社：65-81。

太田知実（2023）「米国教員養成制度の“場の拡張”に伴う志望者理解の転換とその意義：人種問題の克服をめぐる論争と地域に根ざす新たな実践へ」日本教育制度学会編『日本教育制度学会紀要特別号：教育制度学研究の成果と展望』IPC出版センター：422-439。

勝野正章（2007）「教師の主体化／客体化：学校経営の言説と実践の考察」『人間と教育』55：12-19。

金井香里（2021）「文化の差異を考慮した授業実践の探究：米国で展開された文化的に適切な教育の実践研究を手がかりに」『東京大学大学院教育学研究科紀要』60：161-168。

グローリア・ラドソン＝ビリングズ（2009/2017）（松尾知明訳）「人種はいまなお問題である―教育における批判的人種理論―」マイケル・W・アップル他編、長尾彰夫、澤田稔監修『批判的教育学事典』明石書店：161-177。

佐藤仁（2014）「米国教員養成評価システムをめぐる規格化と専門職化の動向」『教育制度学研究』21：200-204。

清水晶子（2021）「『同じ女性』ではないことの希望：フェミニズムとインターセクショナリティ」岩渕功一編著『多様性との対話：ダイバーシティ推進が見えなくするもの』青弓社：145-164。

志水宏吉（2021）『教師の底力：社会派教師が未来を拓く』学事出版。

鈴木正仁（2001）「複雑系の社会学？：ウェーバリアンより見た『複雑系』科学」今田高俊、鈴木正仁、黒石晋編著『複雑系を考える：自己組織性とはなにかⅡ』ミネルヴァ書房：153-173。

高野貴大（2023）『現代アメリカ教員養成改革における社会正義と省察：教員レジデンシープログラムの展開に学ぶ』学文社。

髙橋哲(2012)「NCLB法制化の連邦教育政策と教員の身分保障問題」北野秋男、吉良直、大桃敏行編『アメリカ教育改革の最前線：頂点への競争』学術出版会：145-160。

髙橋哲（2023）「教師の労働条件決定過程に関する日米比較：『自ら学ぶ教師』像から、『もの言う教師』像へ」『日本教師教育学会年報』32：97-109。

中央教育審議会（2006）「今後の教員養成・免許制度の在り方について（答申）」文部科学省（2006.7.11）www.mext.go.jp/b_menu/shingi/chukyo/chukyo0/toushin/1212707.htm

中央教育審議会（2022）「『令和の日本型学校教育』を担う教師の養成・採用・研修等の在り方について：『新たな教師の学びの姿』の実現と、多様な専門性を有する質の高い教職員集団の形成（答申）」文部科学省（2022.12.19）www.mext.go.jp/content/20221219-mxt_kyoiku-jinzai01-1412985_00004-1.pdf

中嶋哲彦（2013）「教員の専門的自律性を否定する教員養成制度改革：修士レベル化と教師インターンシップ制度」『日本教師教育学会年報』

22：58-65。

浜田博文（2017）「ガバナンス改革における教職の位置と『教員育成指標』をめぐる問題」『日本教師教育学会年報』26：45-55。

パトリシア・ヒル・コリンズ、スルマ・ビルゲ（2020/2021）『インターセクショナリティ』下地ローレンス吉孝監訳、小原理乃訳、人文書院。

松田香南（2020）「『学び続ける教員像』の具現化へ向けた研修の奨励施策：47都道府県20政令指定都市の教員研修計画からの抽出」『名古屋大学大学院教育発達科学研究科紀要 教育科学』67（1）：99-107。

マリリン・コクラン=スミス他（2018/2022）『アカウンタビリティを取り戻す：アメリカにおける教師教育改革』木場裕紀、櫻井直輝訳、東京電機大学出版局。

文部科学省初等中等教育局教職員課（2016）『魅力ある教員を求めて』 文部科学省 www.mext.go.jp/a_menu/shotou/miryoku/_icsFiles/afield-file/2016/11/18/1222327_001.pdf

山内絵美里（2022）「教師の専門職アイデンティティに着目した教員養成研究の構想：教員養成政策および研究動向の課題を踏まえて」『東海大学資格教育研究』1：33-44。

百合田真樹人（2022）「教員政策と教師教育システムのパラダイムシフト：教師の専門職的成長の意味と責任主体の変移」『日本教師教育学会年報』31：20-30。

ABSTRACT

Reconsidering Teacher Education as Object:
Complex System and Intersectionality

SATO Hitoshi
(Fukuoka University)

As one of the studies on the transformation of teacher as object, this paper aimed to examine how teacher education as object within a certain policy framework can be transformed. Prior research has pointed to teachers as object in the issue of teacher autonomy and examined the transformation through discussions of teachers' proactive participation in continuous professional learning and the positioning of teachers in the governance of the teaching profession. This paper focused on teacher education itself, first pointing out that teacher education itself was objectified. The paper then examined the challenges of "teacher education as a policy problem," which embodied the idea of teacher education as object. This was that it led to a narrowing of teacher education, thereby narrowing the scope for the development of teachers who could proactively participate in the framework and play an active role in setting it. In order to overcome this problem, this paper first clarified that teacher education was a diverse activity by defining teacher education as a complex system. As long as teacher education is a complex system established through the interaction of various components, there will be limitations in defining it as the object of a single framework. Rather, it was shown that it was possible to re-examine the framework as a premise from the interaction of various initiatives. Additionally, the paper conceptualises teacher education through the lens of intersectionality to provide opportunities for teachers to construct their identities within social interactions. The lens of intersectionality would increase teachers' sensitivity to societal contexts and facilitate the construction of teacher identities through their relationships with society. This approach implies that teachers themselves can act as agents who question the framework of teacher education.

Keywords: teacher education, Complex System, Intersectionality, the United States

キーワード：教師教育、複雑系、インターセクショナリティ、アメリカ合衆国

〈特集〉「教師像」を再考する

教師のライフヒストリー研究と「教師像」
——小さな物語のネットワークとして——

高井良　健一（東京経済大学）

はじめに

　教師のライフヒストリー研究と「教師像」というテーマの組み合わせは、緊張関係をはらんでいる。そもそも教師のライフヒストリー研究とは、個々の教師の固有の人生を縒ることを通して、ある時代、ある社会において支配的な規範となっている「教師像」を問い直し、編み直すべく、立ち上がったものだからである。

　さて、それでは、2020年代半ばの日本社会において、支配的な規範として君臨している「教師像」とは一体どのようなものであろうか。結論から述べると、個々の「教師像」の内容よりむしろ、教員管理のための行政的観点から、管轄下にあるすべての教員がめざすべき「教師像」に従って「成長すべき」であるとする形式が、抗いがたい支配的な規範として教師たちの教職生活に制約を与えている。

　本稿では、国家、自治体、行政が策定する「教師像」に従って「成長すべき」だとする形式が、従来、固有の教育的な文脈における関係性のなかで育まれ、豊饒な多様性をもつ教師のライフヒストリーを貧相な水準において枠付ける帰結に至ることを論じる[1]。その上で、公教育の担い手である教師たちの専門的成長を支えるために、教員研修において、2010年代半ばに準備されたトップダウンによる「教師像」に収斂させるパラダイムから、ボトムアップによる「小さな物語」から学び合うパラダイムへの転換が必要不可欠であることを問題提起する。

1．2000年代半ばの「教師像」

　文部科学省（以下、文科省）が提示する「教師像」を一つの規範として考えるならば、2005年10月の教育職員養成審議会の答申「新しい時代の義務教育を創造する」で示された、「1．教職に対する強い情熱＝教師の仕事に対する使命感や誇り、子どもに対する愛情や責任感など」「2．教育の専門家としての確かな力量＝子ども理解力、児童・生徒指導力、集団指導の力、学級づくりの力、学習指導・授業づくりの力、教材解釈の力など」「3．総合的な人間力＝豊かな人間性や社会性、常識と教養、礼儀作法をはじめ対人関係能力、コミュニケーション能力などの人格的資質、教職員全体と同僚として協力していくこと」[2]という諸項目は、2000年代半ば（あるいはこの時期まで）の日本社会における支配的な「教師像」の一つの典型を表現していたといえる。

　これは今から20年ほど前の答申である。2006年の教育基本法の改正前に示されたこの「教師像」は、教師としてのミッション、プロフェッショナリズム、パーソナリティを三本柱にした、バランスの取れた構成になっている。この答申で示された「教師像」には、「学級づくりの力」や「授業づくりの力」、「教材解釈の力」など、戦後教育の歴史のなかで、教師たちが培ってきたボトムアップの専門的資質が織り込まれていた。これらの内容は、当事者である教師たちにとっても、大筋において受け入れ可能な内容だった[3]。

もちろん、この「教師像」に関しても、さまざまな視点からの議論、検討の余地はあろう。ただ、少なくとも、この時点における日本の「教師像」は、戦後教育史のなかで教師たちが教育実践の経験と省察を通して育んできた教師としての自律的な見識の深まりと相反するものではなかったというのは、現在の「教師像」を評価する上での重要な立脚点となる。

2．2020年代半ばの「教師像」

現在、文科省は、「公立の小学校等の校長及び教員としての資質の向上に関する指標の策定に関する指針に基づく教師に共通的に求められる資質の具体的内容」[4]（以下、「資質の具体的内容」と記す）として、次の五つを挙げている。

①「教職に必要な素養」としての「豊かな人間性、責任感、人権意識、社会性、使命感、教育的愛情、倫理観等」、これらを土台とする従来の②「学習指導」、③「生徒指導」、新たな資質としての④「特別な配慮や支援を必要とする子供への対応」、⑤「ICTや情報・教育データの利活用」である。

すなわち、これらが2020年代半ばの日本社会における支配的な「教師像」「教員像」を規定している内容ということになる。のちに論じる2016年に改訂された教育公務員特例法（そののち、さらに改訂されている）を根拠として、各都道府県教育委員会の「教師像」「教員像」は、文科省の「資質の具体的内容」に基づいて、策定されることとなった。「資質の具体的内容」では、「教師に共通的に求められる資質」が領域と内容において細部まで示されており、各都道府県教育委員会の「教師像」「教員像」もまた、今後、この内容がより色濃く反映されたものになることが予測される。

一例として、「山梨県が求める教員像」を紹介する。2023年3月改訂版の「やまなし教員育成指標」において、「山梨県が求める教師像」は、「ICTを活用し、多様な子供たちに個別最適な学びと協働的な学びを実践しながら、『自ら考え行動し、他者と協働していく児童生徒』を育て

る教員」[5]であると記されている。

ここで示されている「教員像」には、教師の経験世界から帰納的に導き出された教師として必要な資質は、映し出されていない。10年後に学習指導要領が改訂されたら、この「求める教員像」も180度転換することが予測されるようなテンポラリーな内容となっている。教師たちが積み重ねてきた経験世界から「教員像」が切り離されているのである[6]。

山梨県を一つの例に挙げたが、筆者は、かつて山梨県内の複数の公立小学校の授業改革にかかわった経験をもっている。山梨県の学校現場において、子どもたち一人ひとりの学びを支えつつ、質の高い教育実践を切り拓いている教師たちの取り組みから、教師として必要な資質の個別性と多様性と文脈依存性など、多くのことを教わってきた。

山梨県の教師たちが積み上げてきた教育の質の豊かさを知り、困難な時代のなかで日々子どもたちと向き合っている教師たちのことを深くリスペクトしているからこそ、教師たちの羅針盤となるべき「教員像」が、教師たちの経験世界、教育実践から切り離されていることが、残念でならないのである。

そもそも「教師像」「教員像」とは、その時々の政治や行政によって決定されるような性格のものではない。長い歴史のなかで、風雪に耐えて鍛えられ、蓄積されてきた、教師たちが子どもたちの学びと向き合った経験とそこから得た見識が土台となり、教育にかかわる多くの人々が合意しうるものとなってはじめて、一つの規範として意味をもつのである[7]。

そのような意味で、たかだか10年で時代遅れになることが予測されるような「教員像」は、その内容においては実質的には規範の域に到達していないといえる。なぜならば、「教員像」で示されている内容が、教師のモラールを高める働きをしたり、保護者や地域の人々の教師に対する観方を枠づける働きをするような内実を伴っていないからである。

しかしながら、「教員像」の内容が教師の経験

〈特集〉「教師像」を再考する　25

世界から引き離される一方で、教育行政は管轄下にあるすべての教師がめざすべき「教員像」を示すべきであり、教師たちはいかなる「教員像」であれ、これに従わなくてはならないという形式が、法的根拠を伴う抗いがたい規範となって、教師たちのキャリアと人生を枠づけている。

このような政策が今後も推し進められるとしたら、日本の教師たちのキャリアと人生は、大幅な質の劣化を免れることはできない。その先にあるのは、日本の公教育の変質である。「教育再生」という看板の下に、社会の土台となる公教育を解体する政策が展開されてきたとしたら、これは決して看過できない深刻な事態であるといわざるをえない。

3. 教師研究の知見と研修制度の乖離

先述したように、2016年に教育公務員特例法は大幅な改訂が行われた。さらに、2023年4月施行（2022年改訂の現行法）の教育公務員特例法では、「公立の小学校等の校長及び教員の任命権者等による研修等に関する記録の作成及び当該履歴を活用した資質の向上に関する指導助言等を行う仕組み」までもが条文として明記されることとなった[8]。

ここで、教育公務員特例法の「第4章　研修」の条文を概観することにしよう。「第4章　研修」の冒頭にある「第21条　教育公務員は、その職責を遂行するために、絶えず研究と修養に努めなければならない」ならびに「第22条　教育公務員には、研修を受ける機会が与えられなければならない」という条文は、教師の責任と権利として研修を位置づけたものであり、専門職としての教師の存立を支えるために必要不可欠な規定として、幅広い合意を得ることが可能な内容となっている[9]。

ところが、「第22条の2　文部科学大臣は、公立の小学校等の校長及び教員の計画的かつ効果的な資質の向上を図るため、次条第一項に規定する指標の策定に関する指針を定めなければならない」から条文の様相が一変する。これ以降、目的に到達する（この場合は、教員の資質の向上）にあたって、多様な方法が想定される領域において、一つの筋道をスタンダードとして定めて、その手順までも詳細に規定する条文が続くのである。

これらの条文は、2016年の教育公務員特例法の改訂以降に付記されたものである。2016年の改訂以前からある条文とこれ以降の条文では、条文が扱っている次元や内容に大きな落差がある。いわば、「第21条」と「第22条」という歴史の風雪に耐えてきた樹木の幹に、プラスチックのイミテーションの枝が接着剤で接ぎ木されている。そのような印象すら受ける。

そもそも、国家権力による強制力を伴う社会規範である法律において、教員の資質の向上という、専門家であっても極めて定義することが難しいテーマが記載されていること、そして、歴史的、社会的、文化的性格をもち、文脈依存的な性格をもつこのテーマについて、その形式と手順が事細かに条文化されていることに、疑問や戸惑いを感じ続けてきた教育関係者は、決して少なくなかったと思われる。

筆者もまた、これまで教師研究を通して教師の経験世界から学び、先達の教師研究から学んできた一学徒として、疑問や戸惑いが湧き上がるのを禁じえないでいる。この疑問や戸惑いは、戦後の長い教師研究の積み上げを通して産出されたアカデミックな知見と現行の法律で定められた第22条の2以降で定められている研修のシステムとの間の大きな乖離から生じている。

まず、「第22条の2」以降の条文にある「（教員の）資質の向上」は、文科省、任命権者、校長などを主語としたものであり、教員は客体とされていることに注目したい[10]。この条文において、教員は、客体として他律的に「向上」させられなくてはならない存在として、規定されている。そもそも、そのような他律的で不完全な存在が、果たして国民や子どもたちに尊敬されて、信頼される存在でありうるのだろうか。また、条文化にあたって、このような条文の制

定がすでに厳しい状況に追い込まれていた教員の社会的地位をさらに低下させるのではないかという危惧は、誰からも出されなかったのだろうか。

教育学のアカデミックな知見では、教えるという営みは、あらかじめ決められた教育課程を機械的に子どもたちに伝達する営みではなく、教師自身がその教える過程のなかで学び直し、知り直す、創造的な行為であることが常識となっている。

そうであるから、教師たちが自律性をもって学び、成長する機会を保障されて、創造性を高めることが、多様な子どもたちの学びに対応する能力を向上させて、ひいては子どもたちの学びのパフォーマンスも高めることにつながるとされている。これは、日々子どもたちと向き合い、教育活動に尽力している教師たちの経験知、暗黙知とも、重なるものである。

ところが、「第22条の2」以降の条文から透けて見える教師観、学習観は、このような日本、そして海外における教育研究の知見と潮流から隔絶したものとなっている。

つまり、2010年代半ばの日本において、教師研究においても、教育方法学においても、教育社会学においても、教師たちの経験知においても、広く常識となっている知見[11]を踏まえることなく、法律のなかに論争的な条文を書き加えることによって、従来の教員の研修システムを改変するという異様な意思決定が行われたということになる。

こうして作られた新たな教員研修のシステムについて、教育社会学の立場から教師研究を深めてきた北澤毅は、「日本で検討された育成基準等のスタンダードは、その導入プロセスが性急である点、『国がモデルを提示』して『育成指標』を策定すると述べているように、研究者などの専門家集団の関与が薄い点で、海外のスタンダードの導入とは大きく異なっている」と述べている。

続けて、北澤は、「活動や行動をマニュアルのように形式化できるのは、あくまでも習熟の初期の段階に過ぎず、また、アプリオリに外部から与えられた基準を適用するだけでは、個別・具体的な文脈のなかで行われる教育実践には、ほとんど何の役にも立たないと言われている」と穏やかな言葉で根源的な批判を行っている[12]。端的に問題の核心を指摘しているといえよう。

北澤は、教師の教育行為の分析を通して、教師という存在について、「その［筆者註：教育現場］のなかにみずからが主体となって現状を変えるためにどのような方法があるのかを探索する実践者として存在するのが教師なのである」[13]と定義している。ライフヒストリー研究、ライフストーリー研究という方法を用いて、教師という存在についての探究を行ってきた筆者も、この見解に全面的に賛同するものである。

ところが、2010年代半ばの教員の研修システムの再編成において、こうしたアカデミズムならびに教師たちの経験知に立脚した知見は、一顧だにされなかったといっても過言ではない。こうした異様な「教育改革」には、2010年代の日本の政治情勢が深く関わっていたものと推察される。だが、これ以上に深刻な問題なのは、政治情勢が変容しつつある今もなお、教師の自律的な学びを支えるべき研修のシステムが、異様な「教育改革」によってもたらされた異様なシステムから抜け出せないでいることである。

さて、「第22条の2」の条文に戻ろう。この条文の内容を研究の文脈に照らし合わせるために、「資質の向上」を経験する主体である校長、教員を主語として捉え直すならば、これは校長及び教員の専門的成長（professional growth）という問題領域となる。

教師のライフヒストリー研究では、教師の専門的成長は、何よりも個別性をもち、多様性をもち、文脈依存性をもつものとして、叙述されてきた[14]。まず一人ひとりの教師の個人史のなかに畳み込まれてきた経験と、そこから生まれた信念や自らの教育実践を支えるナラティヴ、アイデンティティが教師の専門的成長の固有の土台を形成する。そこに赴任した学校の文化や

〈特集〉「教師像」を再考する　27

専門とする教科、出会った子どもたち、同僚、校長といったキャリア形成上の固有の文脈がさまざまな影響を及ぼしながら、教師は自らの教育的見識を深めたり、閉ざしたりする。

こうした知見は、教師のライフヒストリー研究のみにとどまらない。教師たちの集団を研究対象者として、戦後日本において異なる時代経験をもつ、さまざまな世代（コーホート）の教師たちの専門家としての力量形成（professional development）を追跡、探究してきた教育学者の山﨑準二の教師のライフコース研究においても、教師の力量形成を支える、学校や時代、個人的な経験などのさまざまな文脈のもつ重要性が示されてきた[15]。

また、山﨑準二の師であり、日本ではじめて教師のライフコース研究を世に問うた教育方法史の泰斗であった稲垣忠彦は、教師のライフコース研究で得られた知見の教師教育への示唆を、次の八つの側面から論じていた。

これらの八つとは、「①教師教育を教師のライフコースの全射程中に位置づけ、考察することの重要性」「②教師教育を教師養成、現職教育の全体にわたってとらえ考察することの重要性」「③教員養成教育の内容」「④教職についての第一歩である初任期、さらには5年間、10年間といった時期における教師としての力量形成、経験の重要性」「⑤学校という場がもっている教師の力量形成にとっての意味の重要性」「⑥学校の統括者・組織者としての管理職、特に校長の役割の重要性」「⑦教育における経験の伝承の重要性」「⑧教師のライフコース、力量の形成と、その舞台としての社会、時代の関係」である[16]。

①から④までは、現行の教員研修システムと少なくとも表面上においては矛盾しないかもしれない。しかしながら、⑤から⑧にある教師のライフコース研究の知見は、教師の専門的成長の過程に存在する強い文脈依存性を示している。日本の教師文化の奥行きと教師の専門的成長の複雑さを熟知していた稲垣は、固定化、制度化された研修が、むしろ教師たち一人ひとり

において個別性と多様性をもつ専門的成長の可能性を閉ざしてしまう危険性に警鐘を鳴らしていた。

事実、稲垣は、上記の②の論を展開するなかで、「教師教育のあり方を考える際には、制度化された研修のみではなく、このような教師にとっての広義の経験、すなわち、学校の体制、教師集団でのインフォーマルな関係、教師の自主的な研究、教員人事問題なども含めて検討を加えることが必要であろう」と述べている[17]。

このように個別性をもち、多様性をもち、文脈依存性をもつ、教師の専門的成長の課題と過程を、主語を文科相、任命者、教育行政、校長とするかたちで、強制力をもつ法律によって定めることは、果たして適切な方法といえるのだろうか。そして、この枠組みが、文科省自らが「将来の変化を予想することが困難な時代」[18]と呼んでいる、これからの時代における教師の専門的成長を支えることになるのだろうか。筆者の疑問や戸惑いは、さらに深まるばかりである。

法律の条文に戻ろう。第22条の2では、指針の内容まで事細かに定められている。「2　指針においては、次に掲げる事項を定めるものとする。　1　公立の小学校等の校長及び教員の資質の向上に関する基本的な事項　2　次条第1項に規定する指標の内容に関する事項　3　その他公立の小学校等の校長及び教員の資質の向上を図るに際し配慮すべき事項」。

ここでまた、筆者は困惑のなかで立ち尽くすこととなる。指針の作成者は、何を根拠として、これらの事項を作成することになるのだろうか。おそらく誰が担当しても、極めて難しい作業になることが予測される。

結局のところ、そもそも実証的な根拠が乏しい上に、文脈依存性の高いテーマであるから、より具体的に指針を作成しようとすればするほど、個々の教育現場で格闘している教育行政官、校長、教師たちが直面している課題とはすれ違う可能性が高くなる。もしこれを回避しようとするならば、極めて一般的な当たり障りの

ない内容に終始するほかない。

　その結果、どちらに転んでも、多大な労力とともに創り上げられた指針が、教育行政官、校長、教師たちに、教育の専門家としての成長とは無関係な仕事を課し、さらなるストレスを加えることになることは避けられないように思われる。

　現在、教育委員会に務める教育行政官、校長、教師たちは、困難な時代の公教育を何とか支えようと努力し、ただでさえ多忙を極める日々を送っている。だからこそ、国の教育行政の施策が公教育の関係者を疲労困憊させるという本末転倒は、避けるべきであろう。

　さて、続く第22条の3では、公立の小学校等の校長及び教員の任命権者が、上記の指標を「参酌」し、「校長及び教員としての資質に関する指標」を定めることが明記されている。さらには、第22条の4で、指標を踏まえ、「教員研修計画」を定めることが決められている。そして、第22条の5では、「当該校長及び教員ごとに、研修の受講その他の当該校長及び教員の資質向上のための取組の状況に関する記録を作成しなければならない」という義務が明記されている。

　2016年の教育公務員特例法の改訂から10年も経たない間に、教員研修システムの制度化、定型化はここまでも進んだ。本来、専門職にある者の責任と権利であったはずの研修が、法律の改訂のたびに加筆された条文を通して、官僚機構の末端に位置する者の義務に帰結してしまった。さらには、義務を課せられているのは、一般の教師だけではない。校長も、任命権者も、そして、文科相までもが、この形式的な規範の枠内に閉じ込められて、誰もが自由な思考を行うことを禁じられる構造が出現したのである。

　この構造は、誰一人として主体となる人々を育てない構造である。21世紀の知識基盤社会における「民主主義国家」の教員研修のシステムとして、果たしてこのようなシステムがふさわしいのであろうか。文科省が推進してきた「主体的、対話的で、深い学び」という教育理念と矛盾する、「他律的、一方向的で、浅い学び」に

帰結する教員研修システムは、早急に問い直されるべきである。

　現在の教員研修システムの最大の問題は、このように研修の制度と手続きを事細かく法律の条文とすることで、すべての教育行政官、校長、教員が、研修を上から押し付けられた他律的なものとして経験するところにある。そして、この他律的な研修システムが帰結するところは、教師の研修の形骸化であり、教師のモラールの低下であり、教職の脱専門職化である。

　教員研修の制度化、定型化に固執することなく、学校や教師を中心とした柔軟で自律的な教師の研修システムのあり方を模索することが、これからの時代の有為な若者たちに選ばれる教職の社会的地位を確保するために、不可欠なことになるだろう。

4．公共性の具現者としての教師

　公教育における教師の存立の根拠は、公共性の具現者であるというところにある。つまり、一部の奉仕者ではなく、全体の奉仕者であること、すなわち、すべての子どもたちの学びと成長を保障する存在であるというところに、教育公務員としての教師の存立の根拠がある。

　保護者や地域の人々にとっても、教師とは一人残らずすべての子どもたちに対して応答責任（responsibility）と公共的使命（public mission）をもつ存在である。これは一人ひとりの教師が実際にどのように振る舞っているかという次元ではなく、理念型としてどのような存在であるのかという次元の話である。例えば、義務教育において、わが子が勉強ができないからという理由で、学びから遠ざけられたとしたら、保護者たちは憤ることだろう。これは、公教育における教師とは、すべての子どもたちの学びを支える存在だという常識（common sense）を人々が共有しているからである。このような公憤は、決してモンスター・ペアレントなどという言葉で片付けられてはならないことである。

　ところが、「ICT」や「個別最適な学び」等の基準は、時代や社会や立場に左右されるもので

あり、公教育を支える常識ではない。このような基準によって、教師としての存在の可否が測定されるということになれば、公教育を担う教師の存立の根拠自体が揺らぐことになる。

現在、「教師像」「教員像」の位置づけも、かつてのような教師の経験世界から析出されたモデルから、教育行政が政策的、意図的に誘導する指標へと大きく変わりつつあるが、これは危険なことである。指標次第で教師たちがあらぬ方向に導かれかねないのである。

文科省も、教育委員会も、公共性の具現者としての教師という原点に帰って、「教師像」「教員像」を見直すことを本気で考えないと、公教育を担っている教師たちを苦しめるばかりか、自らの存立意義を失うことになる。

ここまでの論をまとめよう。この20年間の日本の公教育における「教師像」「教員像」をめぐる枠組みの改変、ならびに、教員研修システムの制度化、定型化は、教師の専門的成長のありようを他律的で一方向的なものとして位置づけることで、公教育の変質をもたらしてきた。

今こそ、戦後教育の歴史を通して、長い時間をかけて鍛えられ、蓄積された教師たちの経験を土台として、教育関係者と保護者、地域の人々との間で創り上げてきた、公共性の具現者としての教師という、教師の存在についての緩やかな合意に立ち戻ることが求められている。

そうすることで、現在の「教師像」「教員像」とセットになった教師の研修のシステムが抱えている課題がより明確になることだろう。

5．起点としての2015年答申と国会審議における懸念

「教師像」をめぐる内容のテンポラリー化と形式の規範化は、第二次安倍内閣の私的諮問機関であった教育再生実行会議の第七次提言「これからの時代に求められる資質・能力と、それを培う教育、教師の在り方について」を受けた、中央教育審議会の2015年答申「これからの学校教育を担う教員の資質能力の向上について―学び合い、高め合う教員育成コミュニティの構築

に向けて―」に沿って、政治的、政策的に進められてきた。

「教師像」「教員像」の歴史は長い。だが、都道府県ならびに市町村教育委員会や学校が各々めざす「教師像」「教員像」を公表し、「教師像」「教員像」が乱立するようになったのは、中教審2015年答申を起点としている。

すでに日本教師教育学会では、第26号（2017年）の〈特集〉において、「『指標化』『基準化』の動向と課題」に焦点をあてて、この問題に警鐘を鳴らしている。この〈特集〉では、「指標化」「基準化」によって、教師の資質・能力が定型的に枠づけられることに対して、さまざまな立場にある教育の専門家が懸念を表明している。筆者もまたこれらの懸念に対して、強く賛同するものである。

とりわけ、子安潤の「教育委員会による教員指標の『スタンダード化』の問題」は、「OSAKA教職スタンダード」をはじめとする「指標」の具体的な事例を詳細に分析し、教員育成の「指標化」が招く深刻な課題を明らかにしたものであり、ぜひとも再読を薦めたい論稿である[19]。

子安が指摘した「細分化と項目数の多さ」が「評価の煩雑さを生むと同時に、これらが教師の活動を細部まで画一的に拘束する」[20]という懸念、「各地域で作成されている指標は、きわめて『理想的』な新人がそのまま順次ベテランになるという単線的なイメージで描かれる傾向にある」[21]という懸念は、2020年代半ばにおいても払拭されていないばかりか、指標が精緻化されることでより深刻な様相を帯びている。

ここで、2016年の国会での法改正審議の過程にフォーカスを当ててみたい。教育行政学者の大畠菜穂子は、2015年の中教審答申を踏まえて、2016年に「教員育成指標」にかかわる法案が国会に上程されたとき、「教育再生実行会議や中教審では、養成・採用・研修にくわえて、人事評価や人事異動に用いることを首肯していたが、国会審議では、これに異論が噴出することとなった」[22]という注目すべき事実を指摘し

ている。

とりわけ、「教員育成指標」については、「国が定める指針の内容、そして指標と評価の関係に質問が集中し」、答弁に立った当時の松野博一文科相、藤原誠初等中等教育局長の両名が、「教員育成指標と人事評価・人事異動は、目的や趣旨が『全く異なる』ものであり、直接この指標が評価に結び付くものではない」との回答を繰り返し行ったことが記されている[23]。

最終的に、法案は賛成多数で可決されたものの、今後の運用についての懸念が解消されなかったため、衆議院、参議院の両院ともに附帯決議が出されて、「二 教育委員会等が策定する指標については、画一的な教員像を求めるものではなく、全教員に求められる基礎的、基本的な資質能力を確保し、各教員の長所や個性の伸長を図るものとすること。また、同指標は、教員の人事評価と趣旨・目的が異なるものであることを周知すること」や「四 指標を踏まえた教員研修計画の策定に当たっては、教員の資質能力の向上に資する効果的・効率的な研修計画を体系的に整理することにより、教員の更なる過重負担を招かないようにすること」などが法律の施行に当たって、特段の配慮をすべき事項として、示されたのである[24]。

附帯決議の内容と分量を改めて見直すと、国会においてここまでの懸念が指摘された「指標化」「基準化」を法律で定める必要が果たしてあったのか、教師の研修を実効的なものとするために、これ以外の方法はなかったのか、と深く考え込まざるをえない。

6.「小さな物語」から学び合う

教師の仕事の中心に位置づくものは授業である。子どもたちもまた学校生活において最も長い時間を過ごすのが授業である。自らがタクトを取っている授業で子どもたちが確実に学んでいる、育っているという手応えが得られたら、教師のメンタルヘルスもまた、大きく向上することは間違いない。

アメリカ教師研究の金字塔として知られる

『学校教師』の著者ダン・ローティは、教師にとっての報酬のうち、最も重要なものは、子どもとの関係性のなかから得られる精神的な報酬であると論じている。子どもたちに自らの言葉が届いているという手応えが、教師にとっての最も大きな報酬になるというのである[25]。

ローティのこの言葉は、教壇に立ったことのある人々の多くが、共感するものであろう。逆にいうと、教師が、自分の授業では、子どもたちは全く学べておらず、いつもうつろな表情をしていると日常的に感じているとしたら、その教師のメンタルヘルスも危機に瀕しているということである。

確かに、授業で手応えが得られている教師たちは、子どもたちからの信頼を受け、日々の仕事に喜びを感じているように思える。また、多くの教師たちが授業で手応えを得られている学校は、子どもたちが明るく、教師たちの言葉も柔らかく、教師同士の同僚性も相互の信頼に満ちた、質の高いものであるように思える。

教師たちは、教育行政によって示された「教師像」「教員像」を目標として日々の教育活動に邁進しているわけではない。教職生活のなかで出会った子どもたちや同僚の教師たちに支えられながら、子どもたちの学びの深まりを願い、授業の手応えを少しずつ確かなものとしていくことによって、いつしか、求める「教師像」「教員像」が輪郭を帯びてくるのである。

つまり、「教師像」「教員像」とは、教師が日々の教育実践において格闘している教育現場の外側からあらかじめ決められた目標として与えられるものではなく、ただ一途に一人ひとりの子どもたちの学びや成長を求めていった先にある結果として、生み出されるものだといえる。

一人残らずすべての教師たちの専門的成長を支える教師の研修システムをデザインするとしたら、授業研究を土台とした校内研修がおそらく最も効果的である[26]。ローティが開示したように、教師たちは、授業における子どもたちの学びがもたらす精神的な報酬を求めている。そうであるから、具体的な授業から学べる授業研

究を土台とした校内研修は、すべての教師たちの研修の基礎となる。

　経験豊富で、信頼できるスーパーヴァイザーの協力が得られたら、授業研究や校内研修は、さらに充実したものになることだろう。そこで研修を重ねた教師たちのなかから、将来、スーパーヴァイザーを担えるような人材を輩出するためにも、研修のシステムは、各々の学校をベースとした、自律的かつ専門的なものでありたい。

　21世紀の学校では、教師たちは、あらかじめ決められた知識を実践に適応するという科学的技術の合理的適応（technical rationality）モデルでは対応できない課題と向き合うことが求められている。省察的実践家（reflective practitioner）と呼ばれる、さまざまな状況に応じて即興的な対応が行えるような専門家をめざすためには、パッケージ化された講義形式の学びでは不十分である。具体的な実践や事例から多角的により深く学ぶことが必須となる。授業研究では、具体的な実践を題材として、教師たち相互の協働的な学びを促進することができる。各々の学校をベースとした自律的な研修の文化を広げることによって、教師たちの専門的成長は、より確かなものとなる。

　さて、授業研究と教師のライフヒストリー研究に共通するのは、小さな物語である。教師のライフヒストリー研究が開示してきたものは、教育における些細な出来事の決定的な大きさである。職員室でたまたま隣の席になった教師の教養に影響を受けたり、たまたま帰り道が一緒になった教師に悩みを聴いてもらえたり、気になる子どもとのかかわりのなかで自分の課題と向き合えるようになったり、このような無数の小さな物語が、網の目となって、一人ひとりの教師の専門的成長は支えられている。そして、その教師の物語は、またほかの教師の専門的成長にさまざまな影響を及ぼしているのである。

　授業研究においても、子どもたちの学びのなかで生じる些細な出来事を感知できるかどうかが、決定的なものとなる。授業を観る力のある教師は、子どもたちの学びあいで生じている小さな物語を看取り、小さな物語から教室の一人ひとりの子どもが経験している学びの意味を紡ぎ出し、子どもたちにフィードバックすることができる。

　また、授業研究では、教師たちによる協働的な学びが実現することにより、往々にしてベテランの教師たちの教育実践についての語り口が、いつしか若い教師たちに継承されるということが生じる。

　若い教師たちは、授業研究を通して、一人ひとりの子どもたちが授業のなかで各々の小さな物語を生きていることに気づくことで、自らの授業を省察する力を育てる。

　筆者が教師のライフヒストリー研究や授業研究、校内研修から学んできたことは、このように教育現場で学びあい、教育現場で育ちあう教師たちの姿であった[27]。

　こんな教室を創造できたらどんなにか幸せだろうと思えるような、先達の教師たちとの出会いがたくさんあったら、若い教師たちも、教師としての未来に希望をもつことができ、教職生活もきっと支えられるにちがいない。

　教師たちが紡ぎ出す、心に響く授業、子どもの学び、教師の願いをめぐる小さな物語の数々こそ、私たちの社会に、多くの教師たちを力づける（エンカレッジする）多様性のある、「教師像」を育てることになるだろう。

　これからの公教育を担う教師たちを支えるものは、あらかじめ与えられる他律的な「教師のスタンダード」ではなく、個々の小さな物語から生まれる自律的な「教師のヴィジョン」である。一人ひとりの教師が、そして、一つひとつの学校が、自らの実践と言葉で「教師のヴィジョン」を語ることができるようになったときに、私たちの社会の公教育は、より成熟したものとして輝くように思われる[28]。

注
　⑴教育行政学者の土屋基規（2016）は、「国家による教師の資質管理：中教審2015年答申の問題

点」（『人間と教育』2016年6月号）において、「中教審2015年答申の根底をなす教育認識の批判的検討を行い、政策提言の基本的な問題点を指摘」し、「そこには学校と教師、子どもの現状について、貧相な教育観が透けて見える」(21)と鋭く切り込んでいる。長年、教育行政研究ならびに教員養成研究を行ってきた重鎮の教育行政学者が「『求める教師像』の設定は教育行政の専属的権限なのか」(23-24)と問うていることの重みともあいまって、この「貧相な」という形容詞の迫力が筆者を捉えて止まなかった。この論文を踏まえて、あえて今回、従来の筆者の論文の語彙にはなかった「貧相な」という形容詞を用いた。

(2)文科省ホームページ「これからの社会と教員に求められる資質能力」に拠る。

https://www.mext.go.jp/b_menu/shingi/chukyo/chukyo3/siryo/attach/1346376.htm

(3)石井順治（1999）『授業づくりをささえる　指導主事として校長として』評論社にあるように、戦後教育のなかで、「授業づくり」は、教師たちが専門家として育ちあい、各々の専門家としての自律的で創造的な世界を育む領域として、捉えられてきた。

(4)文科省ホームページ「教師の資質向上に関する指針・ガイドライン」に記載されている「公立小学校等の校長及び教員としての資質の向上に関する指標の策定に関する指針」（2022年8月31日改正）に拠る。

https://www.mext.go.jp/a_menu/shotou/kyoin/mext_01933.html

(5)山梨県教育委員会ホームページ「やまなし教員等育成指標の改訂について」に拠る。

https://www.pref.yamanashi.jp/documents/80897/1point.pdf

(6)令和5年度採用「山梨県公立学校教員選考検査実施要項」によると、求める教師像として「豊かな人間性と幅広い視野を持った教師／教育に対する情熱と使命感がある教師／幅広い教養と専門的な知識・技能を持った教師／生涯にわたって主体的に学び続ける教師」の四つが示されている。こちらは教師たちが積み重ねてきた経

験世界に比較的沿った内容であるといえる。

https://www.pref.yamanashi.jp/documents/104192/r5youkou.pdf

(7)先述した教育行政学者の土屋基規は、「教師の指導を受ける子どもたちと、子どもの養育に第一義的責任を負う父母たちが、『求める教師像』について意見表明する権利を有するし、教師や主権者国民も次世代の国民形成への希望と要求を表明する権利がある」（土屋基規（2016）「国家による教師の資質管理：中教審2015年答申の問題点」（『人間と教育』2016年6月号：24））と述べている。

(8)文科省ホームページ「改正教育公務員特例法における令和5年4月からの教員研修に関する運用の留意事項及び関連情報について（事務連絡）」（令和5年3月30日）に拠る。

https://www.mext.go.jp/a_menu/shotou/kenshu/1244840.htm

(9)ちなみに21世紀に入った直後の2001年の時点では、教育公務員特例法における研修の規定は、「第3章　研修」に、現在の第21条が第19条、第22条が第20条として記されたのち、第20条の2に1987年の教育公務員特例法の改訂により付記された初任者研修についての条文が記載された、極めてシンプルな内容で構成されていた。

(10)校長もまた、自らの資質向上という文脈においては、客体となる。

(11)例えば、教育社会学の分野では、北澤毅・間山広朗（2018）『教師のメソドロジー：社会学的に教育実践を創るために』北樹出版において、教師が子どもたちとの相互作用のなかで、極めて相互的、協働的、対話的なかたちで教育実践を展開することが解明されている。

(12)北澤毅・間山広朗、前掲書：160。

(13)北澤毅・間山広朗、前掲書：163。

(14)高井良健一（2015）『教師のライフストーリー：高校教師の中年期の危機と再生』勁草書房では、例えば、プロフェッショナリズム（教育の学び）が先行し、のちにアカデミズム（教科の学び）が教職生活の課題となる事例や、逆に、アカデミズムから入り、のちにプロフェッショナリ

ズムを深めていく事例など、一人ひとりの教師によって異なる教師の専門的成長のプロセスが叙述されている。

⒂長年にわたって静岡大学教育学部の卒業生を対象とした教師のライフコース研究を続けてきた山﨑準二は、「教職に就いて以降の段階における、研修所制度や学校の共同研究活動の影響、あるいは先輩教師や同僚教師たちの影響、そして教師としての自己研鑽など、フォーマル及びインフォーマルを問わず実にさまざまな諸要因によって教職の専門家としての発達は生み出されていくことが認められる」と論じている（山﨑準二（2002）『教師のライフコース研究』創風社：207）。

⒃稲垣忠彦（1988）「終章　教師教育への示唆」（稲垣忠彦・寺崎昌男・松平信久『教師のライフコース：昭和史を教師として生きて』東京大学出版会：293-303）。

⒄同上：296。

⒅文科省ホームページ「１．2030年の社会と子供たちの未来」
https://www.mext.go.jp/b_menu/shingi/chukyo/chukyo3/siryo/attach/1364310.htm

⒆子安潤（2017）「教育委員会による教員指標の『スタンダード化』の問題」『日本教師教育学会年報第26号』：38-45。

⒇子安潤、前掲論文：40。

㉑子安潤、前掲論文：42。

㉒大畠菜穂子（2017）「教育公務員特例法改正にみる教員研修と人事評価」『日本教育行政学会年報No.43』：71。

㉓大畠菜穂子、前掲論文：71-72。

㉔文科省ホームページ「教育公務員特例法等の一部を改正する法律等の施行について（通知）」平成29年３月31日。
https://www.mext.go.jp/a_menu/shotou/kenshu/1244837.htm

㉕ローティはフロリダ州のデイド郡での調査において、仕事上の満足を生み出す教師の報酬として「生徒の『心に届き』、生徒が学んだとわかったとき」を選択した教師が圧倒的多数（86.1%）を占めたことを述べている。
（ダン・ローティ（1975／2021）『スクールティーチャー─教職の社会学的考察』佐藤学監訳、学文社：157、原書：Dan C. Lortie, *School Teacher: A Sociological Study*, The University of Chicago Press、1975: 105）。

㉖梶田英之・道法亜梨砂（2023）「新たな教員研修制度の実施に関する考察：研修に対する教員の意識調査から」『比治山大学・比治山大学短期大学教職課程研究第９巻』：29-41）によると、「これまでの研修で役立ったと感じたもの」として「校内研修」がどのキャリア・ステージの教師からも最も多く選択されたことが示されている。

㉗金子奨・高井良健一・木村優（2018）『「協働の学び」が変えた学校：新座高校　学校改革の10年』大月書店には、若い教師たちが経験した授業研究の意義と自らの教育実践の省察を通しての学びと成長の軌跡がナラティヴの形式で語られている。

㉘長野県伊那市立伊那小学校の教育構想（グランドデザイン）には、「学校は子どもたちにとってこころゆく生活の場、詩境でなければならない」という教育理念の下、長年の総合学習の実践で鍛えられた教師と子どもの学びの確かなヴィジョンが示されている。
http://oldwww.ina-ngn.ed.jp/~inasho/left/granddesign/gdR3.pdf

ABSTRACT

Pedagogical Significance of Micro-Narratives in Teacher Education: Challenges and Prospects for the Next Generation of Educators

TAKAIRA Kenichi
(TOKYO KEIZAI UNIVERSITY)

This paper delves into the concept of "teacher image" through the lens of teacher life history research, emphasising the narrative networks that form teachers' professional identity. The study critiques the dominant administrative paradigm in contemporary Japanese society, which imposes a standardised "teacher image" to which teachers are expected to conform. This administrative approach undermines the rich diversity and relational context inherent in teachers' life histories.

The paper advocates for a paradigm shift in teacher training, from a top-down imposition of a monolithic "teacher image" to a bottom-up approach that values learning from the "small stories" of individual teachers. Such a shift is crucial for supporting the professional growth of teachers, fostering an environment where teachers can develop their unique "teacher visions" through collaborative and reflective practices.

Drawing on the work of educational scholars Junji Yamazaki and Tadahiko Inagaki, the paper underscores the paramount importance of various contexts—schools, historical periods, and personal experiences—in shaping teachers' professional development. It calls for a move away from externally imposed standards towards an appreciation of the diverse, context-specific narratives that contribute to a more mature and enriched public education system. This shift in perspective is not just enlightening, but it's a call to be more open-minded in our approach to professional development.

Keywords: **Teacher Life History Research, Teacher Image, Professional Development, Narrative Networks, Reflective Practice**

キーワード：教師のライフヒストリー研究、教師像、専門的力量の開発、ナラティブ・ネットワーク、反省的実践

〈特集〉「教師像」を再考する

「生ける教師像」との邂逅
── シュタイナー学校の教員養成課程における教師像の再構築 ──

井藤　元（東京理科大学）

1. はじめに

　本論考は、シュタイナー教育における教員養成のありようを試金石として、教員養成段階における教師像の再構築の必要性について検討を試みるものである。オルタナティブ教育の中には、独自の教員養成プログラムが用意されているものがあるが、シュタイナー教育はこれに該当し、各地のシュタイナー学校教員の応募要件には、国内外のシュタイナー学校の教員養成課程を修了していること（あるいはこれから修了を目指す意志のあること）が望ましいと明記されている。

　シュタイナー教育の教員養成課程内で、受講者はこの教育を担う上で必要な知識やスキルを獲得してゆくのだが、それ以上に重要なのは、この教育で求められる教師像をゼロから築き上げることである。というのも、シュタイナー学校の教育現場において、この学校の出身者が教壇に立っているケースはごく稀であり、それゆえに、彼らは志望段階で「シュタイナー学校の教師とはどのような存在なのか」、「教師としてどのように授業を行い、いかに子どもと関わるべきか」についてのイメージを有していない。初期状態においてシュタイナー学校の教師イメージを持っていない彼らが、この教育を担う人材となるためには、既有の教師像のアンラーンが必要となり、教員養成課程全体をつうじて「教師像の再構築」を図ることが大きな課題となる。知識やスキルをどれほど身につけたとしても、受講者がシュタイナー学校の教師イメー

ジを明確に持つことができなければ、その実践はハウツーのみを取り入れた単なる真似事になってしまう。拙著[1]でも紹介したとおり、この学校には公立学校で勤務した経験のある教師たちも数多く在籍しているのだが、彼らにとって、既存の教師像を解体し、新たな教師像を自らのうちに築き上げることは時に困難を伴う。

　さて、教師像の再構築が必要なのは、何もシュタイナー学校の教壇に立とうとする者だけではないだろう。ICT機器を駆使した学びや探究型の学びの推進、生成AIの活用など、教育をめぐる状況の急激な変化に伴い、現代の教員志望者の多くは、自身が受けてこなかった教育の担い手になることが求められており、自らのうちに新たな教師像を作り上げ、未だ出会ったことのない教師になってゆくことが少なからず必要となる。

　その意味において、教員養成段階における教師像の再構築はすべての教員志望者にとって不可欠なのではなかろうか。教師像をアップデートせず、自らのうちにある教師像を維持したまま教員となるか、教師像の再構築を経て教員となるか、その潮目に位置するのが教員養成課程であり、今後はより一層、後者のあり方を模索してゆく必要があるように思われる。

　そこで本論考では、教師像の再構築を教師になるための不可欠の要件として内包しているシュタイナー教育の教員養成の内実を参照する中で、上記の問題についての示唆を得ることにしたい。

2．シュタイナー学校の教師をめぐる状況と教員養成プログラムの概要

周知のとおり、シュタイナー教育とは、思想家であり教育者であるルドルフ・シュタイナー（Rudolf Steiner 1861-1925）が生み出した独自の教育実践であり、モンテッソーリ教育と並び、オルタナティブ教育の代表格として知られる。芸術を実践の中心に据えたシュタイナー学校の教育実践は高く評価され、近年、シュタイナー学校は世界規模で増加しており、その数は全世界で1,100を超えるといわれている。わが国でもシュタイナー学校は各地に存在し、日本シュタイナー学校協会会員の全日制シュタイナー学校は、全国に7校あり、学校法人のシュタイナー学校（北海道シュタイナー学園いずみの学校[2]、シュタイナー学園）とNPO法人のシュタイナー学校（東京賢治シュタイナー学校、横浜シュタイナー学園、愛知シュタイナー学園、京田辺シュタイナー学校、福岡シュタイナー学園）がある。そして、横浜シュタイナー学園以外は、12年間一貫教育を行っている。また、日本シュタイナー学校協会会員ではないが、全日制のシュタイナー学校として、おひさまの丘宮城シュタイナー学園、千葉グリーンスクール、わかやまシュタイナー学園、ふくやまシュタイナー学園、どんぐり自然学校、沖縄シュタイナー学園がある。

日本のシュタイナー学校で働く教師（2023年2月時点）の数は日本シュタイナー学校協会[3]の正会員校に限った場合、262名であり、うち常勤は111名、非常勤は151名である[4]。そのうち、シュタイナー学校の出身者が教壇に立っているケースはごく少数で、先述のとおり大多数の教師は、シュタイナー学校に通った経験を有していない。つまり、シュタイナー学校での被教育経験を持たない教師たちがこの教育実践を支えているのである。

教育学者の西平直が述べているとおり、シュタイナー学校において教師の役割は極めて大きく、「すべて、教師の人間的な力量にかかっているといっても過言ではない[5]」。シュタイナー教育の実践とそれを支える思想は、極めて独自性が高く、たとえば、シュタイナー学校では、1年生から8年生（中学2年生）まで、原則、同じ一人の担任がクラスを受け持つ[6]。クラス担任は最大8年もの期間、同じ子ども・保護者と関わることになり、教師の責任は非常に重い。そして、この教育ではエポック授業を柱とした教育活動が展開されており、一つの主要科目を3～4週間毎日続けて学んでゆく独特のカリキュラムが採用されている。エポック授業は約100分間で、毎日、午前中の時間帯に配置されているのだが、このカリキュラムにおいては、一つの教科の学びが行われているあいだ、他の主要教科の学びは行われないため、教師には長期間にわたり子どもたちの興味関心を持続させる力量が求められる。また、シュタイナー学校は「教育芸術」を掲げており、全ての教科に芸術が浸透し、あらゆる場面において芸術を通じた教育が行われている。教壇に立つためには、美術や音楽のセンスも必要となり、加えて担任は「フォルメン線描[7]」と呼ばれるこの学校の独自科目も担当している。さらに、こうした実践の背景には広大無辺なルドルフ・シュタイナーの思想（人智学）が控えており、その思想内容を理解するのは容易ではない。

シュタイナー学校の教壇に立つためには越えるべきハードルが非常に高いのである。このハードルを乗り越えるための修行期間として、シュタイナー教育では体系化された教員養成プログラムが用意されている。

シュタイナー教育を担う教師の育成は全国のシュタイナー学校を拠点に各地で行われているが、ここでは、日本シュタイナー学校協会が開講している連携型教員養成講座について簡単に紹介しよう[8]。本講座は、各地のシュタイナー学校が連携して教員養成講座を開講するものであり、全国各地でシュタイナー学校の教員を目指している者同士が定期的に交流を図ることができる点に最大の特徴があるといえる。連携型教員養成講座では3つのコース（「基礎コース」

「実習コース」「学びのコース」）が用意されているが、ここでは「基礎コース」と「実習コース」について駆け足で概要を説明したい（「学びのコース」は教員免許状取得を第一の目的とせず、「基礎コース」修了後も学び続けたいと考えている人のためのコースである）。本講座の受講にあたり、受講者は最初に「ホームベース校」と呼ばれる学びの拠点を決める。ホームベース校とは、およそ1～5年にわたる本講座を受講者とともに伴走していくパートナーであり、日本シュタイナー学校協会に加盟するすべての加盟校をホームベース校として指定することが可能である。

さて、「基礎コース」とは、教育者としてシュタイナー教育に携わり、実際に子どもたちと関わる上で基礎となる知識やスキルを学ぶためのコースである。「基礎コース」では、日本シュタイナー学校協会が指定している各地のシュタイナー学校の教員養成講座を受講してゆく（履修期間の目安はおよそ2年。60単位以上を取得）。さらに、「基礎コース」の受講に加えて、受講者は8月に開催される「夏の講座」への参加が求められる。「夏の講座」では、全国各地の教員養成講座受講者が一堂に会し、学びを深めることになる。「基礎コース」では、基本的に当該コースを開講している学校に在籍している教員が講師を務めることが多いのだが、受講者は「夏の講座」において、普段の講座では顔を合わせることのない全国各地のシュタイナー学校教員と出会うことができる。

そして、「実習コース」は教壇に立つ上で必要な力をシュタイナー学校の現場で実践的に学ぶコースである。「実習コース」の履修期間の目安は1～3年。「基礎コース」修了後、「実習コース」の受講を希望する場合は、ホームベース校の教員との面談を経て、「実習コース」受講の可否が判断され、「実習コース」へと進んだ者は、各校での実践的な学びをスタートさせる(9)。そして、修了に必要な単位をホームベース校の講座、複数回の実習等で取得してゆく。実習を行う中で卒業に必要な単位を取得したのち、卒業

研究に取り組み、各自の設定したテーマでレポート（1万字以上）を提出する。そのうえで「夏の講座」期間中に30分間の卒業研究発表を行うとともに、ホームベース校で授業を行う。そうした課題を達成し、全ての課程が修了すれば、「日本シュタイナー学校協会認定教員免許状」が交付されることになる。

3.「生ける教師像」との出会い—教師像の複数性

では、シュタイナー教育の教員養成課程において、受講者には何が求められるのであろうか。表は、横浜シュタイナー学園で開講されている教員養成講座の時間割を一部抜粋したものである(10)。9時から17時半ごろまで、受講者はシュタイナー教育を担う教師が身につけるべき、知識やスキル、ものの見方や考え方を学んでゆく（横浜シュタイナー学園で開講されている教員養成講座は2年間で計28日間のプログラムとなる(11)）。受講者にとって最も重要なことは、知識やスキルの獲得ではないという点に留意すべきである。もちろん、シュタイナー思想の基本を理解し、教壇に立つ上で必要なスキルを獲得することは必要だが、受講者に求められることはその奥にある。

この点についてシュタイナーは以下のように述べている。

「ご承知のように教師は試験で質問された知識に答えるわけですが、この質問に答えられるかどうかは二次的な事柄です。教師は大抵の場合、試験では数時間前に何かのハンドブックで調べることのできる事柄に関して質問されるからです。必要な時にハンドブックで調べることができる内容は、調べればすむことですから。しかし試験では、見ることができないもの—それは教師の一般的な魂の在り方です—これこそが、精神的に常に教師から生徒に流れ込まなければならないものなのです(12)（傍点筆者）」。

表　横浜シュタイナー学園　教員養成講座　時間割の一部

2年度／14日間		2022/10/8 土	10/9 日	10/10 月・祝	2023/1/7 土	1/8 日	1/9 月・祝
9：00〜10：30	授業の理論と実践（リズム含む）（90分）	算数・数学（5〜7年生）			郷土学〜地理 歴史		
10：30〜10：50	休憩（20分）	休憩			休憩		
10：50〜12：20	シュタイナー教育の人間観・世界観（90分）	「一般人間学」			「一般人間学」		
12：20〜13：20	昼食（60分）	昼食			昼食		
13：20〜14：05	芸術体験Ⅰ（45分）	体育			言語造形		
14：05〜14：20	休憩（15分）	休憩			休憩		
14：20〜15：50	芸術体験Ⅱ（90分）	粘土			子どもの観察		言語造形発表
15：50〜16：10	休憩（20分）	休憩			休憩		
16：10〜16：55	音楽体験（発声法含む）（45分）	音楽体験			音楽体験		
16：55〜17：25	振り返り（30分）	振り返り			振り返り		

　シュタイナーの教員養成プログラムにおいて重要なのは、魂の在り方の変容、すなわち受講者がみずからを内省的に組みかえ、教師としての在り方を体得することなのである。シュタイナー教育の教員養成においては、各ターム終了後にそのタームで学んだ事柄を各受講生がまとめるレポート課題は課されるものの、知識の定着が問われるようなペーパーテストは存在しない。ハンドブックで調べることのできる知識を身につけることではなく、教師としての在り方（マインドセット）の変容こそが問われるのである。シュタイナーの教員養成において「知ること」は「変わること」に直結しており、両者は不可分の関係にある。

　では、受講者はいかにして自己のありようを変容させてゆくのだろうか。ここで受講者たちに求められるのが、シュタイナー教育で求められる教師像を自己のうちに築き上げることである。教師像の再構築に向けて、それが明記されているシュタイナー自身のテキストを読み込むことはもちろん必要だ。表にも示されているとおり、教員養成課程の中で、受講者はシュタイナー教育のエッセンスが詰まったテキスト（『一般人間学』）を読み進めてゆき、シュタイナー自身が教育をどのようなものとして捉え、教師をどのような存在とみなしているのかを学ぶのだが、内容理解以上に重要なのは、受講者がプログラム全体を通じてシュタイナーが示す教師像を体現した講師たち、すなわちシュタイナー教育の実践を支える「生ける教師像」に出会うことである。シュタイナーの教員養成プログラムの講師をつとめるのは、主にシュタイナー学校の現役の教師たちである。プログラム受講者は、彼らに出会うことにより、観念的な教師像ではなく、「生ける教師像」を目の当たりにすることとなる。

　ここで「生ける教師像」との出会いの意義を論じるにあたっては、シュタイナー思想の基盤にあるゲーテの思想を参照する必要がある。シュタイナーは自らの思想の構築に際して、ゲーテの思想に大きな影響を受けているが[13]、高橋義人は、カッシーラーを援用し、彼の普遍性をめぐる二類型、すなわち、「抽象的普遍 abstrakte Allgemeinheit」（種の区別を一切無視する）と「具体的普遍 konkrete Allgemeinheit」（すべての種の特殊態を内に含み、ある規則にのっとって特殊を展開する）のうち、ゲーテが目指したのは、後者であったことを強調している[14]。すなわち、山田も指摘しているとおり、ゲーテは徹頭徹尾、力学的に思考するものの、だからと言って、恒常的なものを放棄しているわけではない。ゲーテにとっての恒常的なものとは、生成

において現れ、生成によって露わにされる恒常的なものにほかならない[15]。

　つまり、抽象概念（カッシーラーの「抽象的普遍」）によっては、高度に多様な生の諸相を捉えることは不可能であり、生の躍動に迫ることは困難と考えられているのである。ゲーテにとって「理念」とは決して単なる抽象ではなく、絶えず現象化するものである。このような理念と現象との関係は、同時に「普遍」と「特殊」の関係でもあり、ゲーテ自身、「普遍」と「特殊」は一致し、「特殊」は多様な条件のもとに現れる「普遍」であるとしている[16]。

　こうしたゲーテのスタンスは、シュタイナー教育の基本スタンスと正確に一致する。そもそも、シュタイナー教育においては、あらかじめシュタイナーの教育思想に基づく確固たるメソッドが示されていて、それを善きものとして教師が信奉し、ひたすら忠実にその方法に従うのではなく、シュタイナー教育の理念が個々の教師の働きかけを通じて多様な形で具現化し、個々の実践のうちに結実している。そして、結果的にその細部に至るまでシュタイナーの思想が生きた形で行き渡っていることになる。

　よって、個々の具体的な教師たちの姿から切り離され、観念的次元で語られる教師像は、教師像の「亡骸」を示しているに等しい。シュタイナーは著書や講演のいたるところで、「教育者は世界秩序の代表者である[17]」、「教師は子どもに作用するとき、背後から自分を貫いて脈打ち流れる宇宙の秘密を表明する者として、クラスのなかに存在する[18]」など、独自の教師像を示しているが、そうした抽象的な教師像は、シュタイナー教育を担う生きた教師たちを合わせ鏡にすることではじめて命が吹き込まれる。

　紙幅の都合上、ここでは詳細を示すことができないが、拙著[19]において、シュタイナーの教員養成プログラムに携わる講師たちがさまざまなアプローチで受講者にシュタイナー思想のエッセンスを伝えていることを示した。このことはシュタイナー学校の教師たちのありようが多彩であるという事実にも重なる。一つの理念

（シュタイナー思想）をベースとしているものの、シュタイナー学校の教師たちは定型的な姿をしているわけではなく、教師たちの姿は多様である。だが、決してそれぞれがバラバラなわけではなく、彼らのうちには共通の芯が存在している。教師たちに共通の芯を与えているもの、それは紛れもなくシュタイナーの思想である。だが、その芯は同じようなタイプの教員を量産するのではなく、バラエティに富んだ教師を誕生させている。教師たちの個性に応じて、シュタイナー思想の汲み取り方は異なる。シュタイナー思想という共通理念を土台にしつつも、その現実的な表出の仕方は実にさまざまなのである。

　そして、そうした芯を獲得することが、教師アイデンティティの形成に深く関わっている。その意味において、シュタイナーの教員養成プログラムは、正統的周辺参加に基づく学びだといえる。シュタイナーコミュニティという実践共同体への参加の度合いが高まり、共通の芯を内在化させていく過程で、教員志望者のアイデンティティが形づくられてゆく。佐伯が述べているとおり、「すべての学習がいわば、『何者かになっていく』という、自分づくりなのであり、全人格的な意味での自分づくりができないならば、それはもともと学習ではなかった、ということである[20]」。ここにおいて、「学ぶこと」が「変わること」と一体化しているような学びが展開してゆくのである。教員志望者は教員養成課程での学びをつうじて質的な変容を遂げざるをえず、その過程を通じてシュタイナー教育の担い手としてのアイデンティティが築き上げられてゆくのである。

　そうした「十全的参加」への変容は、実践共同体の中で自動的に行われるものではない。尾崎が指摘しているとおり、「それは学習者自身がもつ『十全的参加』への向心性（共同体における卓越者や熟達者のように自分もなりたいと思う傾向性）によって初めて可能になる[21]」。シュタイナー学校の教員養成プログラム受講者を突き動かしているのも、「生ける教師像」への

やむに已まれぬ向心性である。

4. シュタイナーが示す教師像の「わかりにくさ」

さて、教師像の再構築は「生ける教師像」との出会いによって一朝一夕に果たされるものではない。教員養成課程を担うシュタイナー学校の教師たちは、受講者に対してシュタイナーの理念を生きた姿で示すが、そうしたイメージを自分自身の中に落とし込み、受講者自身が将来的に「生ける教師像」となってゆくためには、シュタイナー思想の核心を自ら掴み取ってゆく努力も不可欠である。

しかしながら、シュタイナー思想のエッセンスを理解することは容易ではない。上に述べたとおり、シュタイナー思想（人智学）は難解で、かつ秘教的な色合いを帯び、彼が示す教師像は謎に満ちている。人間を物質体、エーテル体、アストラル体、自我から成る構成体と見なす独特の人間観、転生の観点から描き出されるライフサイクル論、宇宙の生成・発展を説く宇宙進化論等々。それらに触れた受講者はすぐにその思想を理解できるわけではなく、近寄りがたい内容を数多く含んでいる。

ただし、すぐには理解できなくとも、受講者にはシュタイナーのものの見方や考え方をまずはフラットな態度で受け入れてゆくことが求められる。仮にシュタイナーの提示する人間観を前提として人生や子どもを捉えた場合、どのような教育の姿が立ち現れてくるのか。子どもと関わる際の新しい視点が得られるのではないか。「そんなことはあり得ない」と即座に否定するのでもなく、無批判に信じるのでもなく、まずは先入観を排して耳を傾けてみる。教員養成課程の受講者には、開かれたものの見方・考え方・捉え方が求められるのである。それはシュタイナーの思想を盲信・狂信する態度とは決定的に異なる。そもそも、シュタイナーは自身の思想への狂信を強く戒めた[22]。彼自身の言葉に耳を傾けてみよう。

「ヴァルドルフ教師（註筆者：シュタイナー学校の教師のこと）がなさねばならないことと申しますのは、『いかなる狂信からも自由であるということであり、ただ成長しつつある人間、すなわち子どもという現実の身を相手にしている』ということなのであります[23]」。

シュタイナー学校の教師になる上で、必ずしもシュタイナー思想を無批判に受け入れてはならない。受容的態度、対象を冷静に捉える視点、そして批判的思考を同時に内在させることが必要になるのである。人から与えられた考えを鵜呑みにするのではなく、自らのうちに生じた疑問を大切にする。シュタイナーの教育理論は難解であり、そこで示される教師像も謎めいているのだが、すぐには理解できなかったとしても、地道に実践を積み重ねてゆけば、徐々にわかってくることがあるはずだとおおらかな構えを保持する。オープンな姿勢を保っていると、次第に紐得できる事柄が増えてくるというのだ。師（シュタイナー）が述べていることを、弟子（教員志望者）がはじめから全て理解できるわけではない。弟子は経験を積む中で、徐々に師が伝えようとしていることが納得できるようになるのは常である。よって、シュタイナー学校の教師には、不可解なものに対して、それを抱え続ける力が求められるのである。理解できないものに対して、オープンな態度を保つことは精神科医の帚木蓬生が紹介した、イギリスの詩人キーツによる「ネガティブ・ケイパビリティ（Negative Capability）[24]」とも通じ合うが、シュタイナー学校の教員志望者が教師像を再構築する際にはそうした姿勢が不可欠となるのだ。シュタイナーが示す教師像が難解さを孕み、容易に理解し難いことにより、受講者は「シュタイナー学校の教師とはどうあるべきか」を探究し続ける必要に迫られるのである。その過程において、じっくりと時間をかけて教師像が組み替えられ、徐々に受講者のうちに教師像の輪郭が形づくられてゆくこととなる。

また、「生ける教師像」たる現役の教師たちも、決して完成した存在・理想化された存在ではない。彼らもまた成長の途上にあり、シュタイナーの理念を生きるために教師像の絶えざるアップデートをはかっている。ヴィーヒェルトはこの点について次のように述べる。

「子どもたちが成長していくにつれて、教師の生徒への関わり方の基調も必然的に変化します。たとえば、6年生に向き合うときはどうか、そしてその2年前、子どもたちがまだ4年生だったときはどうだったかを考えてみてください。私たちが考えなければならないのは、この変容の能力なのです。クラス担任が7年目、8年目になって『もはや通用しない』としたら、それは教師の『適性』よりも、むしろ変容能力に関わることです[25]」。

シュタイナー学校ではクラス担任が最大8年間、一つのクラスを担当するため、子どもの成長に合わせて教師は自らの在り方を変容させてゆく必要がある。担任は当然ながら、小学校低学年の児童に接するのと同じように中学2年生と関わることはできない。8年間一貫担任制という特異なシステムにより、教師は絶えず自らの在り方を変化させ、教師像の再構築をはからざるをえない状況に立たされる。また、たとえ8年間、担任をやり遂げたとしても、その後に出会う子どもたちは、1巡目に出会った子どもたちとは別の存在であり、また教師自身のライフステージも1巡目とは異なるため、教師像の更新はキャリアを終えるまで続いてゆく。

5．シュタイナー教育からの問いかけ

以上、本論考では、シュタイナー教育という特殊事例における教員養成のありようを見ていくことにより、教員養成段階における教師像の再構築に向けた示唆を得ることを目指した。以下では、前節までの議論を経て浮かび上がってきた視点をもとに、二つのポイントに絞って教師像の再構築に向けた問題提起を行いたい。

(1)「わかりやすい教師像」の弊害

試みに、都道府県・指定都市教育委員会が求める教師像を見てみると、そこに示されている内容はわかりやすい内容で溢れている（たとえば、東京都の「教育に対する熱意と使命感を持つ教師、豊かな人間性と思いやりのある教師、子供のよさや可能性を引き出し伸ばすことができる教師、組織人として積極的に協働し互いに高め合う教師」など）。ここで示されている教師像は先にみた「抽象的普遍」であり、個々の具体的な教師たちの姿から切り離され、観念的次元に留まるイメージに過ぎない。また、難解さ、捉え難さを孕んでいるシュタイナー教育における教師像とは正反対ともいえる明快な文言が並んでおり、教員志望者はホームページに記載されている情報を読めば、各自治体で求められる教師像がわかったつもりになってしまう。

こうした「わかりやすい教師像」が提示される傾向と、現代の若者たちの傾向はマッチしているように思われる。稲田豊史によれば、現在、映像作品を早送りで視聴している若者が増えているという。そして、「ある論点、ある問題提起に対して賛否たくさんの意見が並べられている状況は、それだけでわかりにくい。不快の原因となる。余計なノイズを除去し、シンプルでわかりやすい正解を一つだけ用意する者や場所に、人は集う。同じように、わかりにくさを排した映像作品にも人が集う[26]」。また、稲田はこの時期に普及したSNSについても言及している。「2010年代初頭から爆発的に普及したTwitter。その140字制限は、『できるだけ短く、シンプルに、誰にでもわかる言葉で、結論を最速で届けるべし』という流儀を、10年かけてネット空間に植え付けた[27]」。

そうした言論空間に慣れ親しみ、効率よくコンテンツを消費することが常態化している学生たちにとって、教師像の再構築のプロセスを早送りで飛ばし、教員採用試験に向けてノイズカットされた「わかりやすい教師像」のパッケージを受け取ることで満足してしまうケースも多いように思われる。教師像の再構築のために

は、既存の教師像が揺さぶられ、ノイズに満ちた磁場にとどまることが不可欠となるが、教師像がわかりやすく提示されてしまうことにより、教員志望者を教師像の解体—再構築へと導く機会が損なわれている可能性があるのではないか。教員志望者に対して彼らのうちにある教師像の変容を迫るような、象徴的な教師像を示してゆく必要があるように思われる。

⑵メディアを活用した「生ける教師像」へのシシュク

また、シュタイナー教育においては、教員志望者の教師像の再構築に向けて「生ける教師像」との出会いが重要であるが、理念を体現した「生ける教師像（具体的普遍）」との出会いは、「はじめに」で述べたとおり、自らが受けてこなかった教育の担い手になることが求められているすべての教員志望者にとって必要なのではなかろうか。

しかしながら、現在の教員養成課程に目を向けたとき、教員志望者が「生ける教師像」と出会う機会が十分に確保できているかといえば、否といわざるを得ない。教育実習や学校インターンシップなどは、学生たちが「生ける教師像」と出会うことのできる機会の筆頭に挙げられる。だが、多くて数週間、短ければ数日の現場体験を通じて、「生ける教師像」と出会える可能性は高いとは言えない。もちろん、学校インターンシップや教育実習などの機会において、「生ける教師像」と出会えた幸運な学生も存在するだろう。だが、そうした出会いは今津が指摘するとおり、「不意の出来事」[28]、すなわち偶然に左右される出来事であり、実習に行けば必ず出会えるという保証はどこにもない。

とはいえ、現状において、学生に対し「生ける教師像」との出会いの機会を量的に増大させることは容易ではない。インターンシップや実習の機会を増やし、学生にボランティア活動を促すことで出会いの機会を物理的に増加させることはできるだろうが、時間的・制度的制約も大きいため、そうした努力にも限界があるだろ

う。

こうした問題を突破するための手がかりを「私淑＝シシュク」という概念が与えてくれる。稲垣によれば、そもそも「『私淑』は、一般的には直接指導を受けることができないような事情がある場合にとる代替的な方法であることが多い」[29]。そして、「出版メディアによって可能になった…読書を通した『私淑』は、現代ではさらに、テレビやインターネットのブログなどメディアを通したさまざまな形の『私淑』へと広がりつつある」[30]。稲垣は、こうした「私淑」の広がりのうちに、新たな師弟関係の可能性を見ている。

> 「メディアを通した師弟関係であれば、より広い範囲から好みの人物を自由に『師』として択ぶことができる。直接の教師よりも『シシュク』する魅力的な人物のほうを『本当の師』として仰ぐことによって、浮上感を得ることもできるだろう。また、同時に複数の『師』をもつことも可能である」[31]。

つまり、現代においてはメディアを活用することにより、「生ける教師像」との出会いの機会を量的に拡大することが可能なのである。メディアの進歩が「シシュク」という新たな師弟関係を生み出すのである。また、シシュクは身軽であり、オンラインツールを活用すれば、自宅に居ながらにして「生ける教師像」と出会うことも可能である。複数の教師に同時並行でシシュクしたとしても、何ら問題はない。

筆者は共同研究において、オンラインツールを用いた教員志望者へのシシュクの機会の提供を試みてきた（研究代表者：羽野ゆつ子「イノベーティブ教育の実践に向けた教職志望学生の学習に関する縦断的研究[32]」）。本研究では「探究型の学びを担う教師像」が形成されていない教員志望学生を対象とし、オンライン会議システムを用いて複数の大学の学生を繋ぎ、長野県伊那市立伊那小学校の教員やきのくに子どもの村学園のスタッフなど、長年にわたり豊かな探

究の学びを展開している学校の教員・スタッフをゲストに招いて、教員志望者に「生ける教師像」との出会いを提供した。さらには、学生自身が探究型の学びを構想し、探究型の学びを担う教師との交流の機会を確保した。ここでは一例を示したに過ぎないが、教師像の再構築に向けて、教員志望者が「生ける教師像」と出会い、その考え方やものの見方に触れること、すなわち教員養成課程においてシシュクのきっかけづくりを行うことが今後、より一層、必要となるように思われる。

注

(1)井藤元（2023）『教育芸術を担うシュタイナー学校の教師たち』ナカニシヤ出版。本稿は本書のエッセンスを抽出し、教師像の再構築という文脈で再構成したものである。

(2)北海道シュタイナー学園の幼稚園と高等学園はNPO法人である。

(3)日本シュタイナー学校協会は、日本におけるシュタイナー学校およびシュタイナー教育運動の充実と発展を目指しており、全国のシュタイナー学校の教育者や運営者がともに働くための協会として2013年8月18日に発足した。

(4)ここで紹介した数字は、クラス担任、専科担当教員の数を足したものである。これ以外にシュタイナー学校の現場では、学童指導員・教育助手も勤務しており、その数は7校あわせて52名である。つまり、学童も含め、わが国のシュタイナー学校（日本シュタイナー学校協会会員校）において、広く教育活動に関わっている者の数は、314名ということになる。

(5)西平直（1999）『シュタイナー入門』講談社：48。

(6)現実的にはその時々の状況に合わせて担任が変わることもあるが、ドイツでシュタイナー学校が始まった当初より、8年間一貫担任制は基本理念としてこの教育の根底に位置づいている。

(7)「フォルメン線描」は、名詞フォルム（Form）の複数形と、動詞zeichnen（線で描く／素描する）が組み合わさったもので、しばしば略して「フォ

ルメン」と呼ばれる。

(8)なお、わが国のシュタイナー学校の教員養成プログラムについては拙著（2021）『シュタイナー学校の道徳教育』イザラ書房でも紹介している。また、不二陽子氏（不二陽子（2004）『育ちゆく子に贈る詩―シュタイナー教育実践ノート』人文書院）、河津雄介氏がドイツにおけるシュタイナー教員養成課程での体験をまとめている（河津雄介（1987）『シュタイナー学校の教師教育：シュタイナー教育教員養成ゼミナール体験記』創林社）。さらにシュタイナー学校の教員養成の歴史については遠藤孝夫氏が詳しく解説している（遠藤孝夫（2023）『ドイツ現代史とシュタイナー学校の闘い』東信堂）。あわせて参照いただきたい。

(9)クラス担任を目指すか専科教員（オイリュトミー担当教員以外）を目指すかで、取得単位は異なる。

(10)井藤元（2023）『教育芸術を担うシュタイナー学校の教師たち』ナカニシヤ出版：223。

(11)2022年開講の教員養成講座の開講日数。

(12)ルドルフ・シュタイナー（2017）『社会問題としての教育問題：自由と平等の矛盾を友愛で解く社会・教育論』今井重孝訳、イザラ書房：133-134。

(13)シュタイナーとゲーテの思想的連関については、井藤元（2012）『シュタイナー 「自由」への遍歴：ゲーテ・シラー・ニーチェとの邂逅』京都大学学術出版会を参照。

(14)高橋義人（1988）『形態と象徴：ゲーテと「緑の自然科学」』岩波書店：143。

(15)山田忠彰（1997）「スタイルの詩学：ニーチェのゲーテ観をめぐって」『モルフォロギア：ゲーテと自然科学』第19号、ナカニシヤ出版：82。

(16)大石昌史「自然・芸術・神話：ニーチェにおけるゲーテ的世界観の変容」『モルフォロギア：ゲーテと自然科学』第19号、ナカニシヤ出版：97。

(17)Steiner, R.: *Aspekte der Waldorf-Paedagogik: Beitraege zur anthroposophischen Erziehungspraxis*, Kindler Verlag, München, 1977, S. 25.

ルドルフ・シュタイナー（1986）『教育と芸術』新田義之訳、人智学出版社：30。

⒅ルドルフ・シュタイナー（2004）『教育の方法—シュタイナー教育基礎講座Ⅱ』西川隆範訳、アルテ：105。

⒆井藤元（2023）『教育芸術を担うシュタイナー学校の教師たち』ナカニシヤ出版。

⒇ジーン・レイヴ、エティエンヌ・ウェンガー（1993）「訳者あとがき」『状況に埋め込まれた学習—正統的周辺参加』佐伯胖訳、産業図書株式会社：188。

㉑尾崎博美（2017）「第7章　参加による学習」羽野ゆつ子・倉盛美穂子・梶井芳明編『あなたと創る教育心理学　新しい教育課題にどう応えるか』ナカニシヤ出版：91。

㉒この点についてシュタイナーは次のように述べる。「人間の生、特に教育および授業におきましてもっとも害をなすものが、この『狂信』なのであります。これは人間がある特定の方向へ迷いこみ、特定の標語をもって言い表した自分の一面的な進路以外のものは認めず、それのみを遂行しようとすることを意味します」。（ルドルフ・シュタイナー（2001）『オックスフォード教育講座：教育の根底を支える精神的心意的な諸力』新田義之訳、イザラ書房：285）。

㉓同上：287。

㉔帚木蓬生（2017）『ネガティブ・ケイパビリティ—答えの出ない事態に耐える力』朝日新聞出版社。

㉕クリストフ・ヴィーヒェルト（2007）『シュタイナー学校は教師に何を求めるか』入間カイ訳、水声社：71-72。

㉖稲田豊史（2022）『映画を早送りで観る人たち：ファスト映画・ネタバレ：コンテンツ消費の現在形』光文社新書：89。

㉗同上：90。

㉘今津孝次郎（2012）『教師が育つ条件』岩波書店：125。

㉙稲垣恭子（2010）「私淑とシシュク」矢野智司・桑原知子編『臨床の知—臨床心理学と教育人間学からの問い』：222。

㉚同上。

㉛同上。

㉜科学研究費助成事業（基盤研究Ｃ）「イノベーティブ教育の実践に向けた教職志望学生の学習に関する縦断的研究」（羽野ゆつ子・井藤元・山崎宣次）。

ABSTRACT

Reconsidering the Image of Teachers:
Encountering the "Living Teacher Image" through the Reconstruction of Teacher Images in
Steiner Education Teacher Training Programs

ITO Gen
（Tokyo University of Science）

This paper aims to examine the necessity of reconstructing the image of teachers in contemporary teacher education through the practices of teacher training in Steiner Education. Waldorf education requires completion of a teacher training program, and throughout this process, participants are required to unlearn existing teacher images and construct new ones. Specifically, the paper discusses the importance of a teacher image realised through living practice, rather than an abstract one, by considering the concept of "concrete universality" based on Goethe's thought as a fundamental stance of Steiner Education. The paper highlights the drawbacks of the "easy-to-understand teacher image" proposed by prefectural boards of education. It provides insights for educational practitioners through the transformation process of the teacher image based on Steiner Education's unique system. Through this discussion, the paper aims to offer new perspectives on the challenges faced by practitioners and researchers in teacher education.

Keywords: **Steiner Education, Teacher Training, Teacher Image Reconstruction**

キーワード：シュタイナー教育、教員養成、教員像の再構築

〈特集〉「教師像」を再考する

ビクトリア州における
教師像の社会的形成について

真田　理史（元高等学校教員・オーストラリア・ビクトリア州）

1．はじめに

「教師像」という言葉は、たとえば英語に翻訳するとどの言葉を使えばいいのだろうか。オーストラリア・ビクトリア州の公教育システムで11年間教員、およびミドルリーダーとして勤務した人間として真っ先に思いつくのは「ティーチャー・スタンダード」というフレーズである。実際にグーグルで「teacher professionalism Australia」などと検索してみたが、一番上に出てくるのも「スタンダード」に関するページである。これは日本語で言う「教師像」のニュアンスとは、かなりかけ離れたものである。ただ、はっきりと明記はされてはいないとは言え、学校教育や教員養成などに関する政策に基づいた、意識上での「教師像」というのは確実に存在していると考えるのが自然だろう。本稿では、元教員の立場から見た、「教師」というコンストラクトについて教育政策的および社会経済的な観点から述べる。

大前提として念頭に置いていただきたいのは、筆者が勤務していたビクトリア州はかなり昔から州政府の教育省ではなく公立学校が個別に教員を雇用するというシステムをとっているという点だ。教員一人一人が自分で行きたい学校へ応募して、契約期間が切れない限りは基本的に異動はないという形になっている。すべての公立学校がデフォルトでこのような雇用形態をとっているというのは、オーストラリアでも特殊なケースである。

2．連邦政府と州・テリトリーの政府

オーストラリアは連邦国家であり、州とその他のテリトリーで成り立っている。学校教育は基本的に連邦政府ではなく、州やテリトリーが管轄するという形になっているのだが、1970年代から徐々に連邦政府が効率化の名目で均一化を図ろうとしているという歴史的背景がある[1]。2024年7月の時点ではタスマニア州を除いてすべてがオーストラリア労働党という状況であるが、基本的には政党の統一されていない連邦政府と州やテリトリーの教育省の間で常に政治的・金銭的な交渉が行われている。2007年末に自由党のハワード政権からラッド、後にギラード首相の下で労働党の政権が始まり、2008年には「史上最大の学校教育改革」が立ち上げられた。すでに20年近くが経つが、現在の教育政策および教員を取り巻く状況はこの2008年を区切りとしたフェーズの中にあるといって差し支えないだろう。

3．規則による「教師」

2024年現在、ビクトリア州における「教師」には二つのタイプがある。一つは、いわゆる教員免許を持った人たちで、州に配置された機関で教員登録をした人間である。連邦政府から認定された教員養成課程を修了し、その中で、定められた日数の教育実習を完了しなければならない[2]。

もう一つは、教員免許は持っていないものの、昨今の教員不足の対処法として特別に教員

48　日本教師教育学会［年報第33号］

として勤務する許可（Permission to teach、略してPTT）を得た人たちだ。ビクトリア州の場合では、最長で3年という期限が設けられており、更新もできないため、その間に教員免許を取ることが求められる。PTTで教員を登用するには、学校が過去3ヶ月にわたって州全体で公募したにもかかわらず、求められる資格を持った人員が見つからなかったという証拠を提出する必要がある[3]。

4.「スタンダード」と「教師像」

さて、教員免許であるが、運転免許と同じように仮免許のシステムがあり、新卒の教員は2年以内に本免許に書き換えられるプロセスを踏む必要がある。仮免許の期間は授業のコマ数を減らした上で、経験のある教員をメンターとしてつける等、ある一定のサポートが受けられる。

本免許に切り替える際に審査があるのだが、この審査が基本的には学校およびメンターとなる教員ベースで行われ、いくら経験があるとはいっても教育理念や資質その他の面で学校リーダーもメンターも十把一絡げであるため、本免許を持った教員の質は千差万別と言えるだろう。詳しい統計などはないのだが、よほど酷くなければ基本的にほぼ全員が本免許に切り替えられるという感覚だ。

審査については、連邦政府下の独立法人機構であるAustralian Institute for Teaching and School Leadership（AITSL）が教師に対して求められる基準（スタンダード）を定めており、本登録の成否はそれに準ずるということになっている。スペースの関係上細かくは記さないが、以下のようになっている[4]。
・ドメイン1　教員としての知識（生徒のニーズ対する理解や、教える分野についての知識、等）
・ドメイン2　教員としての仕事内容（「効果的な」授業を計画して実行できるか、生徒が学びやすい環境を作れるか、生徒の学びに対してしっかりとした評価ができるか、等）

・ドメイン3　教職に関するエンゲージメント（研修に参加しているか、他の教員や保護者その他の学校のコミュニティと関係を築けているか、等）

自分の11年のキャリアを振り返ってみると、その中で「教師像」ということについて真剣に学校レベルで話がされたことは一度もなかった。あくまでも法律・規制に従って、コンプライアンス上求められる最低限のことを安全に機能的にやるべきという教師像が、上記のスタンダードから見ても浮かんでくるのではないだろうか。

20年ほど前の文献ではすでに教員のアイデンティティに関する分野において「managerial professionalism」や「compliant professionalism」などという言葉が使用されている[5]ので、少なくとも学術的にはこのような議論がされてきたはずなのではある。しかし、実際の現場とそれを統括する政策サイドでは、依然としてスタンダードに基づいた教員養成と研修が進められてきたように思う。また、時を同じくして教員の雇用スタイルも年あるいは学期単位での短期雇用が主流になり、それによって教員のリスク回避に基づいたアイデンティティ形成と自己統治がさらに進んだという見方もできるだろう。多様性がさけばれる世の中ではあるが、少なくとも教員に関して言えば新しい考え方が生まれにくくなっているというのがミドルリーダーとして教員採用に関わっていた筆者の実感であった。

5.近年の政策の中の「教師像」

近年オーストラリアでもコロナウイルスの影響でさらに教員不足が問題となっている。この問題について、さまざまな対応がされている。

まず一つは「質の高い教員」を政策の上で造り出すことだ。Highly Accomplished and Lead Teachers（HALT）といい、AITSLから認定を受けた教員がなることができる[6]。採用の面で有利になったり、ある程度の金銭的なメリットがあったりと、州やテリトリーによって違ったインセンティブがある。筆者の住んでいるビクトリア州

の場合では数年前にVictorian Academy of Teaching and Leadershipという機関が設けられ、国語、数学、科学などの8つの分野に1人ずつ任命されたマスター・ティーチャーが教員研修を行っている。こういった政策は、これまで（組織のリーダーとしての資質や興味に関係なく）ミドルリーダーを経て校長クラスになることしか明確な機会がなかった教員に対して違ったキャリアパスを作り、「質の高い」教員が学校内での管理職や他の職へ流出するのを止める目的がある。

　もう一つは、教員になるための時間的・金銭的な垣根を低くすることだ。教員養成課程の期間を短くしたり、教育実習期間中は実習生が補助金を受けられるようにしたり、学校で実務に就きながら勉強するEmployment-based pathwaysなどと呼ばれる課程を増やしたりと、様々な試みがある。上の項目で述べたPTTも、この部類に入る。

　このEmployment-based pathwaysであるが、現在では週1日勤務から4日勤務の間で選択できる様々な形がある。ビクトリア州ではここ数年で、教員のリテンションや教員の集まりにくい学校に対する有用性が認められ、このオプションが増えつつある。

　はじめに述べたとおり、オーストラリア政府や関連機関としては教師像というものは打ち出していない。その一方で、Employment-based pathwaysのプログラムでは応募する人間に対して、ある程度の教師像が示されている。例えばTeach for Australiaは「オーストラリアでは、生まれ育った境遇が教育と、その後の人生すべてにおいて影響を与える」という前提から始まり、機会の平等を達成するという目的意識を持った学生を選考している[7]。一方Nexusは、「社会正義に対する情熱」を持っていることを選抜基準にしてあると明記してある[8]。

　こういった流れで、もしかすると数年のうちにオーストラリアでも、社会経済問題に関する教師像というものが語られるようになるのかもしれない。政府としてはこのようなプログラムへ予算を当てることで間接的に教育および経済格差を是正しようとしているのかもしれないが、そもそも根本的に教育格差を拡大させているのも政府の決定であるというのが（ブラックジョーク的に）おもしろい点である。そして、何よりもこの教育格差という現象が、ここ15年ほどのオーストラリアの教師像を作り上げてきたように感じる。この点について、次の項で更に少し掘り下げようと思う。

6．社会経済学的な観点から見た「教師像」

　オーストラリアの教育現場や政策の場では教師像についてははっきりと語られないが、その一方で教育や教員の「質」に関するディスコースは、現場、政策、メディアを問わずに（特にネガティブな方向においては）可視化されている。

　具体的に「質」というのは、どのような目的に基づいて、何を「よし」とするかという評価基準の話だ。教育の目的と一口に言っても社会文化経済的に多岐にわたるパラダイムが存在するので一概には言えないのだが、ここ15年ほどでは数値化され得る「学力」を上げるという方向へ傾いてきている。「学力のデータ」としては、2008年の改革に基づいて開始されたNational Assessment Program Literacy and Numeracy（NAPLAN）という全国統一試験の成績を指すことが多いだろう。日本でよく使われてきた偏差値などと違い、絶対値で3、5、7、9年次での生徒の学力が数値化されるようになっている。そして、同じ生徒の学年間の数値を比較することで、個々の生徒の伸び具合や、通っている学校の付加価値などが（もちろんテストの設問のバイアスであるとか、統計的なエラーはあるとした前提で）推し量れることになっている。

　元々NAPLANは「サポートを必要としている学校に、必要なサポートができるように、学校とその生徒が教育的にどれだけ恵まれている（いない）かを測る」という政策上の目的で開始されたものである[9]。学校レベルでのNAPLAN

のデータは、連邦政府の管理するMy Schoolというウェブサイトから誰でもアクセスすることができる。当たり前といえば当たり前なのであるが、現在ではNAPLANのデータは本来の目的はさておき、保護者や教員が「いい」学校を選択するためのツールと化している。そして「いい学校」はそのステータスを保持するために、NAPLANでいいスコアが取れる教授法を探るようになっており、近年では一般家庭に向けたNAPLAN用のドリルや参考書のようなものさえ町のいたるところで見かけるようになった。どの教員が教えても一定のいい結果が出るように、台本に基づいて教えるようなアプローチをとる学校も出てきた。

NAPLANは絶対値でスコアが出るのだが、大学に関わるAustralian Tertiary Admission Rank（ATAR）に関しては単なるパーセンタイル順位である。つまりATARが90の生徒は、理論上トップ10%の学力を持っているという計算だ。多くの学校は毎年、「今年は最高スコア99.95の生徒が〇人出ました」とか、「うちの生徒の〇〇%がATAR70以上でした」とか、「今年の12年生の平均スコアは80でした」など、うまくデータを切り取って宣伝広告に使う。結局は経済的・文化的その他の資産に恵まれた家庭の子どもを入学させるのが学校の評判と将来の生徒獲得に繋がるため、公立・私立に関わらず広報の担当者がおり、躍起になってSNSに投稿している。

教育政策の場でも、現場でも「スチューデント・アウトカムズ」という言葉が広く用いられるようになって長いが、「ではあなたの言うアウトカムズとは具体的に何なのですか？ 何をもってよしと考えるのですか？」と聞くと明確な答えは返ってこないことが多い。

そういった状況の中で、「普通の」教員が「質の高い」教員になるためにはどうすれば良いのであろうか？ 一番確実なのは、中流以上の家庭の子どもが集まる学校へ転職することである。恥ずかしい話ながら、当時まだ教育制度のカラクリに疎かった筆者自身、2015年にこの手法を使っている。いわゆる普通の公立高校か

ら、学力テストと面接で生徒を選抜する学校へ、応募して転任したのだ。前の学校ではいくら努力しても州の平均以下だった自分のクラスの成績が、学校を変えた途端に上位10%以内まで上がったのは驚いた。全く同じ教員で、全体的な仕事とストレスはむしろ減った上の「向上」である。学校外でも、学会への招待や、コラボレーションの要請などを以前にもまして受けるようになった。

そういった「いい」学校のリーダーや教員の多くは、裕福な家庭で幼い頃から塾や家庭教師といった利益を享受してきた生徒が当たり前に高い成績をたたき出しているという点に関しては完全にノータッチで、いかに自分たちの努力で優れた教育を提供しているかということについては嬉々として語りたがるものだ。公立校を総括する州の教育省の人間も、実際に学校の経営を牛耳っていると言われるスクール・カウンシルも「終わりよければすべてよし」というスタンスにおいて学校リーダーや教員の腕前を評価することが多いため、そういった学校側としてはわざわざ藪をつついて蛇を出すインセンティブは皆無といっていい。

想像に難くないとは思うが、教育格差というのは不動産価格に如実に影響を与える。例えばAlbert Park Collegeという公立高校に関しては、スクールゾーンの内と外で何千万円という単位で地区の住宅の中間価格が変わると言われている[10]。いわゆるエリート私学では子ども1人につき年間200〜300万円（あるいはそれ以上）の学費がかかるため、全体的に見て変わらないということなのだろう。家の購入まではいかないにしても、子どもが入学審査の対象になる年だけスクールゾーンの内側に（もちろん割り増しの家賃を払って）家を借りる、という手法を使う家族も多い。筆者が最後に勤務していたような公立の選抜校は、確かに一部は金銭的に恵まれない家庭の子どもに「いい」学校で学ぶという機会を与えている部分もあるのだが、データで見ると大多数がもともとエリート私学に通っていたり、もともと「いい」公立学校のスクー

ルゾーンに住んでいる富裕層の生徒で占められていたりする。

このような状況であるため、必然的に教員の集まりやすい学校と、集まりにくい学校が生まれてくることになる。そして、この違いは、ある程度地理的な要因はあるとしても、結局のところは学校コミュニティがどれだけ恵まれているかということに起因する。これはIndex of Community Socio-Educational Advantage（ICSEA）という指標で数値化されており[11]、先ほどのNAPLANと同じくMy Schoolを通して閲覧されることができるようになっている。コロナ以前では、ICSEAの高い学校と低い学校では、一つのポジションに応募してくる教員の数が実に100以上違ってくることすらあった。

コロナウイルスがビクトリア州で未だ猛威をふるっていた2022年に、筆者は教員が不足している学校へ教育省から志願して短期のサポートへ入った。そこでは6人の教員の欠員がどう頑張っても埋められず、さらに病欠・家族や同居人の介護という理由で学期単位でまるごと休んでいる教員もいたりして、筆者のような教育省からのヘルプや、派遣会社から送られたリリーフティーチャーに頼ってなんとか授業をしているという状況だった。また別の学校に行った際は、まだ教育課程を終えていない学生に授業をさせ、教員免許は持っているものの専門的な知識のない筆者をコンプライアンスのために教室に入れるという状況もあった。どちらも、経済的に恵まれず、その上で言語・文化・宗教的な多様性に富んだ地域の学校である。

このような境遇でこそ今後の人材を育てる教員の人間性や、役割といったものが浮き彫りになってくると思うのだが、前述した通り私立はもとより公立高校ですら市場原理によって歪められたメリトクラシーと狭義での「学力」において内的にも外的にも教員の評価がされることが多いため、まさに「Nice guys finish last」と言えるような状態となっている。そんな中でも、大変な環境を自ら選んで信念をもって仕事をされている学校リーダーや教員の方には頭が下が

る思いである。

7．最後に

本稿では、オーストラリアにはそもそも教師像の概念がないが（というか、寧ろそのような概念がない国であるために）教育市場原理に基づいた様々な形で教師像が形成されているということを書いた。経済格差が進む国において、中流以上の家庭およびそれに寄り添う学校が教員に求められる「質」を定義し、その定義によってさらに学校間の学力、人材募集その他諸々の側面において格差が深まるというのは、自然なことかもしれない。ビクトリア州においては、このような問題について2020年に出版された、Review into vocational and applied learning pathways in senior secondary educationというレポートに明記されており[12]、それに基づいた大規模な改革も2021年に始まったのだが、その成果が実り、教員が社会的に有意義な評価をされるようになるには、まだまだ時間も、労力もかかるだろう。

教職の脱専門化については様々な議論がされている。ビクトリア州のように学校教育と漠然とした「アウトカムズ」の名の下に還元主義的な学力の定義とそれに起因する経済的な分断が進められ、その構造とロジックを支持することが「いい教師像」となりつつある状況においては、「そもそも社会的な立場から見た教師の仕事とは何なのか」について語る良いきっかけにはなるのではないだろうか。

注

(1) Lingard, B. (1991). Policy-making for Australian schooling: The new corporate federalism. *Journal of Education Policy*, 6(1): 85-90.

(2) Australian Institute for Teaching and School Leadership. (2023). *Accreditation Standards and Procedures*.

(3) Victorian Institute of Teaching. (2024). *Permission to Teach*.

(4) Australian Institute for Teaching and School Lead-

ership. (n.d.). Understand the Teacher Standards.

⑸Sachs, J. (2016). Teacher Professionalism: Why Are We Still Talking about It? *Teachers and teaching,* 22(4): 413-425.

⑹Australian Institute for Teaching and School Leadership. (n.d.). Become a Leader in the Classroom: Understand Certification and HALT Status.

⑺Teach for Australia. (2024). Our Impact: Educational Inequity.

⑻La Trobe University. (2024). Study with Us: -Victoria.

⑼National Assessment Program. (2024). NAPLAN: -General.

⑽Power, E. (2022). Parents Are Paying a Premium to Live in School Zones for Victoria's Best Secondary Colleges.

⑾ACARA. (2015). Guide to Understanding ICSEA Values.

⑿Victorian Government. (2024). Review into Vocational and Applied Learning Pathways in Senior Secondary Schooling.

ABSTRACT

Social Construction of Teacher Identity: A Case of Victoria, Australia

SANADA Satoshi
（Former government school teacher, Victoria, Australia）

Since the Education Revolution in the late 2000s, school education in Australia has gone through a series of major changes related to standardised curriculum and assessments and "data-informed" socio-economically pedagogy and policymaking.

This article explores how teacher professionalism, while not clearly articulated, might be constructed through government interventions and decisions over the past 15 years. By examining the characteristics of Australian teacher standards, current teacher education programs and broader sociocultural and economic trends that shape competitive incentives placed on Victorian schools, the author attempts to articulate what a teacher might *be* within the dominant sociological imagination. Through a reflection on his 11 years of career as a teacher and a middle leader in the Victorian education system, the author reasons that the proliferation of nebulous yet reductionist discourses of "student outcomes", "good schools" and "teacher performance" poses a potential risk to the role of teachers as a social and community profession.

Keywords: Policy, Economic inequity and inequality, Constructionism, Metrics and evaluation, Teacher education

キーワード：政策、経済格差、社会構築主義、測定基準と評価、教員養成

〈特集〉「教師像」を再考する

学校をトボトボ歩きながら見聞きし、考えていること

石川　晋（NPO 授業づくりネットワーク）

1

その先生は（名前はA先生としておきます）絵本『字のないはがき』（向田邦子原作・角田光代文・西加奈子絵）[1]を読み始めました。全員が読み聞かせに最初から集中できているわけではありません。そもそもその前の5分休みの時間に遊びに行ったまま教室に戻ってきていない児童もいます。でも先生は絵本の読み聞かせを聴こうと教室の前に集まった4年生たちに向けて読み始めます。教室の後ろで別な本を開いていた子が時折顔を上げて絵本を見ます。

A先生は途中で「なんではがきに×が書かれるようになったんだろう」「なんで葉書が届かなくなったんだろう」などと子どもたちに尋ねて周囲の子どもたちに話し合うように促します。現在、軽井沢風越学園校長及び同幼稚園園長の岩瀬直樹さんらが現場で進めていた「対話型読み聞かせ」です[2]。岩瀬さんご自身は現場で考えついた方法だと思われます。欧米ではリードアラウドと言って結構一般的な方法なのだと吉田新一郎さんの本に書いてありました[3]。

子どもたちは「食べ物がないんやろう」とか「死んだのと違うか」などと話します。後ろの子も開いていた本を閉じて教室の前の集団に加わってきました。

遅れていた子が入室してきます。A先生はチラッとその子を見て「おかえり」と一言言うとそのまま絵本の続きを読んでいきます。

ぼくはこのベテランA先生の教室にコロナ以前から何度も来ています。昨年度（2023年度）

は入れませんでしたが、今年はまた年に3回入る約束になっています。先生、読み聞かせ、本当に上手になりました。繰り返し繰り返し「点」で入っているからその上達ははっきりとわかります。はじめて教室に入った頃とは別人のようです。お父さんが疎開先からなんとか連れ戻してきた娘を裸足で迎えて抱きしめて号泣する場面は思わず後ろで聞いているぼくも涙ぐんでしまいました。子どもたちも身じろぎもせずに聞き入っています。近畿地方の様々な困難をたくさん包摂する地域の学校です。学校教育の可能性、先生という仕事の尊さ、そうしたものを目の当たりにする瞬間です。

読み終わった後、A先生は、先日行ったのだという校内の先生方へのインタビュー活動のことを子どもたちに思い出してもらいます。そして、その先生方にお礼の手紙を書こうと話します。それでぼくは、この授業が光村図書の国語教科書教材「お礼の気持ちを伝えよう」の授業だと気づきます。

2

その教材の授業はつい数日前に四国の小学校でも見たのです。こちらもベテランの先生（B先生としておきます）です。そちらの授業では、まもなくやってくる地域参観日に来てほしい方に招待状を書こうという提案になっていました。一番後ろに座っていたトラブルを起こしがちだという児童がノートにさあっと「お父さんお母さん」と書きました。他の子たちもノートに思い思いに呼びたい相手（と言ってもたいて

いはご両親か祖父母です）を書いていきます。どの子も鉛筆の走りが速いので、このテーマはヒットしているようです。

その「お父さんお母さん」と書いた男の子に「ご両親は来てくれそうですか」と軽くインタビューすると、嬉しそうに「うん」と言った後、2人の仕事の話、母が韓国の人で父は日本の人で、2人とも仕事が忙しいこと。母にはよく叱られてしまうことなどを話してくれます。そして「忙しいからなあ、来てくれるかなあ」と言います。

B先生は黒板を使って書き方のポイントを丁寧に丁寧に説明していきます。それは教科書の内容を丁寧に整理したもので、教科書のお手本通りに授業を進めていくという意味では、B先生にはなんの瑕疵もありません。何よりもそもそも先生という存在は、子どもたちにできるようになってほしいのです。そして失敗してほしくない。だから失敗しないように丁寧に丁寧に指導していくのです。子どもたちに意識してもらいたいポイントは、教科書にたくさん整理されていますから、それを説明していくとその時間いっぱいかかります。一所懸命ノートに黒板の内容を書き写している児童もいます。所在なげにしていて、足を投げ出したり、貧乏ゆすりをしたりしている子もいます。先ほどインタビューした子は、鉛筆をクルクル回したりして、ぼくにも何度か話しかけてきます。

結局手紙は、次の時間に書くことが授業の最後に告げられます。惜しいなと思います。やんちゃで手を焼かせる子だけれど、この子に課題はヒットしていて、今すぐにでも書きたかったのに、惜しいな。教科書手順の通り、過不足なく網羅して教えなければならないという切迫した感情や失敗させたくないという気持ち（おそらくこれは、教師自身が失敗を許されにくい状況になっていることと対応関係なのでしょう）、そして学力をつけなければならないという脅迫的な使命感も、子どもの思いや実態から授業をスタートするという当たり前のことの前に曇りガラスのように立ちはだかっているとぼくには見えます。

さて、このB先生の授業をA先生の授業と重ね合わせてみます。今目の前で展開されているA先生の授業は冒頭の読み聞かせからの動機づけとその後の各活動への意欲づけがうまい流れになっています。そもそも「先生へのインタビュー活動」も同じ光村図書の教科書教材「聞き取りメモのくふう」（話す聞く）との組み合わせで設定されています。A先生はこの二つの教材をうまくカリキュラムデザインしてつないでいるのです。とても上手です。ただし扱うテーマはB先生の「参観日に来てほしい方に招待状を書こう」ほど子どもたちへの訴求力はないようです。この点B先生は子どもたちの願いや思いをよく見て取れていると思います。A先生に後でお聞きすると、先生方へのインタビュー活動と今回の活動の間に結構時間が空いてしまっていたのだそうです。

3

ところで、ぼくは今日A先生はすぐに書き始めるような展開にするのかなと注目しています。

A先生はミニホワイトボードを出すように言い、ペアインタビューをして行くように指示します。そしてここからは「発散」「収束」「活用」に対応する三つの問いの形式で、子どもたちの活動が進められていきます[4]。三つの問いはそれぞれ「先生が話してくれたこと・教えてくれたこと」、「その中でも、伝えたいこと一つ二つ」、「先生の話を聞いていかしていること・いかしたいと思うこと」です。この最後の問い、これがやや残念です。方々で授業を見ながら感じているのですが、授業の最後（振り返りか）は話し合いの型に従って進められる中でも最も紋切り型に問われてしまうことが多いようです。「より良い改善の方法」「具体的な手立て」「次をよくするには」「この時間からの学びを活かすには」などといった問いに極めてなりがちなのです。でもたかだか1時間ほどの中で、それほどの未来志向の具体的な手立てが湧き起こ

るかといえば怪しいものでしょう。結果として問いが、型の強さに引っ張られて、現場の状況や目的とずれてしまうことが多いと感じます。定型句や紋切り型の手法受容が、子どもの実態や感情、あるいは授業の本当の狙いの前に曇りガラスのように立ちはだかっています。

そういえば、先日関東の小学校で参加した校内研修でもファシリテーターの先生（C先生としておきます）が同じような話し合いの型を活用した展開を想定されていました。授業を見て感じたことを先生方に対話していただく流れで、とてもスムーズなのですが、ここでも三つの問いの最後が「明日からのチャレンジ1人一つ」となってしまっています。これだと、多分ここに至った途端に、それまでの豊かな話し合いが横に置かれて、優等生的なステレオタイプな発言になってしまう場面が目に浮かびます。C先生もこれまでの経験からもそこで悩んでおられるようなので、相談をして、「これからみんなと一緒に考えていきたいこと」という問いになりました。そうすると、とても素敵な場になった、そのケースのことを思い出しました。

3ステップの問い立てによる話し合いの型は、確かに多くの先生の授業や会議の場を安定的に機能させて「救っている」ケースは多いでしょう。でもこの構造に限らず、定型が、教師の革新性を阻んだり、子どもの事実からのスタートを難しくするケースも多いと感じています。例の「○○スタンダード」も「ユニバーサルデザインに基づく授業のチェックリスト」などもまさにそれです。「○○スタンダード」や「チェックリスト」「学習指導要領に沿った授業」がダメだとはぼくは思っていません。というかその前にまず実践者である我々の側が、子どもの状況や場の雰囲気、固有の文脈、現場の状況から考えるという当たり前の場所に立ってツールを効果的に使おうと考えているのかなと、心配に感じることがしばしばあるのです。

さて、A先生の授業でいえば、子どもが実際にホワイトボードに書いているものを見ると、先生方はインタビューにおいてご教訓を話して

いるわけではなく、楽しかった経験を、多分おもしろおかしく子どもに話したものと思われます。やはり、課題解決を目指したり、人生訓を垂れたりしているわけではないようです。なのに、楽しかったはずのインタビューが、優秀な話し合いの手法を学んで援用することで、逆に学校的なものに回収され、結果的に、より学校的なものに強化されてしまうとは……まさに誰も望まない悲しい流れです。

結局こちらの授業でも実際に書く活動には至りませんでした。終わった後先生にどんなことを考えながら授業を進めていたのかをお聞きしました。すると彼女は、「子どもたちはみんなインタビューの時のメモを見ながらホワイトボードに書いていたんですよ、それならメモに赤や青ペンで直接書き入れてそのまますぐに書くようにすればよかったなあ」と言います。そして「私が不安なんですよね、私が不安だから委ねられないのだと思う」ともおっしゃいます。子どもの様子も丁寧に見ている先生で、しかも自分自身の状況もよく分析されている先生なのです。

4

ぼくは、2024年度は年間で170校現場に入ります。おそらく、質を問われなければ、ぼくは研究目的で量をこなさなくてはならないケースなどを除けば、日本一学校に入っているものと思います。2024年度も北は稚内から南は福岡まで入ります。そしてその一つ一つの現場で、上記のような対話をずうっと繰り返しています。1年間に一体何人と話すのか、数えることもできません。

ぼくはこのまだ名前さえない仕事をとりあえず「ばん走者」と呼んでいます「伴走者」の皆さんほど立派ではないし、それとはどうも機能も違っているようなので「伴」はあえて「ばん」とひらがなにして、本物の伴走者の皆さんに迷惑がかからないようにしています[5]。

実は2022年度と2023年度は横浜の小学校に週3回高学年国語専科として入りました[6]。フリ

ーランスになる前の50歳までは、28年間北海道の公立中学校で国語の教員をしていました。5年ぶりくらいにぜひ組織人として組織のしんどさをちゃんと体験しておきたいという思いもありました。小学校のしんどさを肌で感じたいということもありました。コロナが明ける（明けたのだろうか？）直前の時期、GIGAがスタートした学校現場の空気を当事者として感じ取りたいということもありました。そちらの学校の校長先生の計らいで、不規則な入り方を許していただいたのですが、正直に書くと毎日毎日胸が痛くなるようでした。大して大きくもない学校規模に、6年未満の経験年数の先生が15人超もいます。男性教諭はごま塩ほどしかいない状況で、特にベテランの男性はぼくを入れても3人くらいです。横浜独自のメンター研修も残念ながら多忙に呑み込まれてしまい、苦行が一つ増えたような感じになってしまっているようにも見えます。

　ぼくの席は講師の席ですので、職員室の隅っこです。すぐ近くには電話があるのですが、午後3時前くらいからでしょうか、その電話機のところに若い担任の先生が入れ替わり立ち替わりやってきます。欠席者への連絡やその日体調不良や怪我をしてしまった子の状況報告、もちろん生徒指導上のトラブル……。楽しい話題で電話をするケースはほぼゼロです。そして、何よりもきついのは、ぼくが教材研究などで忙しくて顔を上げられず、電話の音声だけが聴こえている場合には、ほぼ全ての先生の声が同じトーン・調子に聞こえる……。電話の応対については定型句がありますが、それでもほんの2、3人ですが、顔を上げなくても誰が対応しているかわかる先生はいます。声に色・温度があると言えばいいでしょうか、でもほとんど全ての先生はみんな同じ調子で失礼ながら取り替え可能な記号のようなのです。

　なぜそんな風に学校がなってしまっているのだろう。一人一人は大変魅力的な先生方が、「学校」で「先生」になった途端に覆面をかぶるようにして暮らしていくようになる感じを、どう理解したらいいのだろう。初任の途中で辞める先生がクローズアップされます（自死する方なども……）。でも、実は初任の期間を終えて離職されてしまう方も増えているのです。生き生きと自分らしく魅力的に働けるはずの教職の仕事。でも、みんなでできる限り誰だかわからないように、どんぐりの横並びのように過ごす場所に学校がなっていき、自分自身も否応なくそうした1人になってしまうしかなくなる時、多くの若手が離職を選ぶ気持ちはよくわかります。

　校長先生や教頭先生も様々に苦戦されています。対応が迷走することも残念ながらあります。管理職こそ、管理職という役職について学ぶ場は、一般教諭以上に少ない。「いきなり回しを締めて土俵に上がらされる」としばしば初任者について説明されます。それならば、管理職は「回しさえつけていない」状況に思えます。

5

　数年前、ある九州の中学校に入った時のことです。その先生は新卒の理科の先生でした（D先生としておきます）が、臨時免許を行政と協力して発行して優秀な人材を地方の学校に派遣することで有名なNPOから派遣された先生でした。当時ぼくはそのNPOの仕事にも少しだけ関わりがあり、彼が派遣される前に東京で2人で2時間ほど話をして九州に送り出した経緯があります。7月の初めだったと思います。短いスカートに化粧も決めた女子生徒が2名、ほんの少しだけ遅れて入室し、授業が始まります。

　この日の実験ですが、暑い時や炎症を起こした時に冷却するパッドで「ヒヤロン」などの商品名で知られているものをご存知でしょうか。折ったりたたいたり、最近ではギュッと強く握るだけで瞬間冷却できるものです。あれと同じ効果をあげる物質を使って、本当に同じような効果が出るかどうかを実験する、それがこの時間の実験内容です。

　D先生は、丁寧に丁寧に実験のやり方を説明します。心配なのです。失敗しないようにして

あげたい。でもその不安は先生自身の不安でもあると見えます。結局、25分が経過したころようやく実験が始まります。2、3名のグループで楽しそうに実験が進められるのですが、10分ほどで実験はD先生の指示で切り上げられていきます。先ほどの女子生徒2名は少し不満そうな表情ですが、でも、D先生の指示に従って実験を切り上げます。わずか10分ほどしか実験の時間は取れませんでしたから当然「ヒヤロン」にはなりません。

授業後D先生に「あそこで実験を切り上げたのはなぜ？　もちろんそのまま続けるという選択肢もあったよね？」と問いかけます。問いかけながら、一番答えてほしくない答えが返ってきたら嫌だなあとぼくは思っています。彼は、残念ながら、その一番答えてほしくない答えを口にします。「振り返りをしなければならないからです」と。そしてそれから「実験も終わってないのに、振り返りしようがないですよね」と照れたように言って、突然机に向かってうつ伏せて号泣したのです。かけてあげる言葉が見つからない。

彼は背中に出身大学のゼミの名前がややヤンキーっぽく刺繍されている白衣を着ていました。この白衣を着ることにもいろんな指導が入っているかもと思いながら聞いてみます。ぼくでさえ少しだけ内心「ううっ」と思うくらいのものですから。彼は言います。いつも着ていた白衣が汚れてしまって洗濯に出し、仕方なく先日こちらを着てきたのだそうです。すると、例の女子生徒2名が「いけてる！　毎回これ着て来て！」と言ったそうです。「ぼくはそう言われたんで、この白衣だけは絶対脱がないと決めてるんです」と。頭ごなしに否定的な言葉掛けをしなくてよかった、ばん走って難しいなあと、ぼくは思います。そもそもこの理科室は彼が赴任した4月から2ヶ月をかけて掃除して実験ができる状況にしたのだとか。学校の荒廃と先輩の理科教師の不作為で、こちらの学校では何年もまともに理科実験が行われていない。この新任のD先生はそれを1人で整備して実験が始め

られている。2名の女子生徒は、昨年は理科の授業はボイコットしていたのだそうです。新卒教師の圧倒的な思いとエネルギーに心が揺さぶられます。

臨時免許で現場に教員を派遣するNPOへの批判があることも知っているけれど、外部から人を学校の中に入れていく、そういう試みが風穴を開けていく可能性は絶対にあると思えます。

6

ある北海道の小学校です。最初に入った時、その先生（E先生としておきます）の教室は先生も子どもたちも苦しい状況でした。あまりにも大変で、さすがにぼくも見兼ねて、E先生の教室にそれから4年間入り続けています。

さて3年目になっても彼の教室のしんどさはそんなに大きくは変わりません。いわゆる愛着障害のある児童が3名ほどいる難しい教室です。その教室にこの年の途中から、近くの大学に赴任してきた旧知の特別支援を専門とする先生が、ぼくのばん走に合わせて入ってくれることになりました。彼とぼくとでは、教室や子ども（もちろん先生）を見る視点が全然違っています。個々の子どもの発達や行為・行動の意味を丁寧に見取ろうとする彼。授業の進め方や教材の捉え方、あるいは集団の状況をリサーチしてフィードバックするぼく。実はこの2人体制になってから、教室が急速に落ち着いていきました。E先生の様子にも自信が感じられるようになってきました。

E先生の教室に最初に入った時、彼は昔遊びを題材にした説明文教材を教えていました。ビュンビュンごまとかメンコとかが紹介されています。教室は大変だと聞いていましたので、後ろから入って、立ち歩いている子どもたちと遊ぼうというくらいの腹づもりで入室しました。入室すると予想通り、ビュンビュンごまが後ろの机に置いてありました。早速近くをぶらぶらしている子どもを呼んで、一緒に遊ぼうと声をかけます。ところがそのコマが回りません。何度チャレンジしても回らないのです。それでよ

く見ると、目打ちで開けた穴がずれています。当然紐もそのずれた穴に通されているわけで、これでは回りません。

授業終了後「晋先生、なんでもいいんです、たくさんアドバイスください」というE先生にお願いして、長机を用意してもらい、廊下の先生方も往来する場所に並べてもらいます。ビュンビュンごまを作る道具も持って来てもらい、2人でビュンビュンごまを作ります。説明文の授業の進め方や、子どもへの話し方などのアドバイスを期待していただろうE先生はやや当惑気味です。でも一緒に作っていきます。そうすると程なく、校内の大ベテランの先生が後ろを通りかかります。そして、E先生に「ビュンビュンごま作ってるのか、俺の机の中にいっぱいあるから持って来てやるよ」と声をかけます。すぐに持ってきた大小さまざまなビュンビュンごまを、そのベテランの先生は、彼の前でまさにこれみよがしに回します。コマの作り方なんて何も教えません（笑）。でも、その様子を見たE先生は目を輝かせて「すごいですね、ぼくにも回し方教えてください」と言うのです。

彼がビュンビュンごまを回せるようになって、ベテランの先生は「またなんかあったら言ってくれ」と颯爽と去っていきました。すでにリフレクションの時間として用意されていた授業1コマ分の時間は終わろうとしています。ぼくはE先生に言います。「後、何かぼくから話したほうがいいことはありますか？」。彼は「いえ、ありません。よく、わかりました」と。

7

日本中をトボトボと旅をしながらたくさんの先生・学校の様子を見せていただいています。学校の先生って、あっという間に要領よくぐんぐん伸びる人もいる。でもバラバラのパズルピースが自分の中で止揚されていくように時間をかけて成長していく人もいる。学校の内外は、今、スピーディな成長を遂げられる人以外はとても居心地の悪い難しい場所になっていますね。また学校内部のリソースは本当に重要だけ

れど、そのつながりはなかなか生まれにくい。教職員同士の対話こそほとんどないような状況になっています。またそもそも内部リソースだけでは到底学校は発展どころか維持すら難しい。食育、性教育、ICT……年々積み増しされていく教育課題は確かにどれも大切だけれど、もう学校内部の人間だけで切り盛りしきれません。外部リソースを豊かに活用していくこと、しかもできるだけたくさんの人の手を借りることは必須だなあと思うのです。

外部から入ってばん走するぼくは、入った学校や先生と、学校の内外のリソースをうまく結ぶ役割も担っているんだなと、今は考えています。うまくいくケースも残念ながらぼくが非力でうまくいかないケースもあります。とにかく少しずつ精度を上げて、せめてぼくの手が届く半径10m以内くらいに、明るい光を差し掛けたいと思っているのです。ぼくの古い研修仲間が、ぼくの仕事を「イカ釣り漁船みたいだね」と評したことがあります。なるほど、ぼくは真っ暗な海の真ん中で小さな光を掲げて、そこに集まる人たちを掬い上げるような仕事をしているのかも知れません。周囲の海は真っ暗だけれど、とりあえず自分のできることをする。できるなら、イカ釣り漁船がたくさん増えてくれるといいなあと思っているのです。

注
(1)向田邦子・角田光代・西加奈子（2019）『字のないはがき』小学館。向田邦子の有名なエッセー作品を直木賞作家の2人が絵本に翻案して話題になった作品。
(2)ちょんせいこ・岩瀬直樹（2013）『よくわかる学級ファシリテーション3：授業編（信頼ベースのクラスをつくる）』解放出版社などの一連の著作の中で、岩瀬は繰り返し、対話型読み聞かせ実践について紹介している。
(3)吉田新一郎（2018）『読み聞かせは魔法！』明治図書の中で吉田が紹介している。
(4)ちょんせいこ（2015）『ちょんせいこのホワイトボード・ミーティング―クラスが落ち着く：

低学年にも効果抜群（教育技術MOOK）』小学館などの様々な著作で、紹介しているちょんの「ホワイトボード・ミーティング®」を生かした授業展開である。

(5)石川晋（2019）『学校とゆるやかに伴走するということ』フェミックスや、同じフェミックス社からの隔月刊行誌の『We』での連載（「公立中学校でしなやかに生きるということ」）などに、石川のばん走の詳細が詳しく紹介されている。

(6)石川晋（2024）「これまでの授業・学級づくりが通じなくなってきている」『授業づくりネットワーク「揃わない前提の授業・クラスづくり」』学事出版などに横浜の小学校での取り組みが紹介されている。

ABSTRACT

What I See, Hear, and Think As I Trudge through the School

ISHIKAWA Shin
(Jugyo Dzukuri Network)

This paper uses narratives to explore the dynamic relationship between teachers, students, and educational resources in contemporary school settings, emphasizing the critical role of dialogue and collaboration in teacher development. Through personal experiences and interactions with various educational professionals, the author reflects on the importance of internal and external resources in fostering a supportive and effective learning environment.

The narrative begins with an account of a veteran teacher's interaction with a novice teacher, illustrating the significance of practical, hands-on mentorship in professional growth. It further delves into the author's observations and participatory experiences across numerous schools in Japan, highlighting the varied paces at which teachers develop their skills and the challenging conditions they face in modern educational landscapes.

Key themes include the necessity for external support networks, the integration of diverse teaching methodologies such as interactive read-alouds, and the pivotal role of reflective practice in enhancing classroom management and instructional strategies. The author argues for a holistic approach to teacher education, where the synergy between internal school resources and external community support is leveraged to create a more resilient and adaptive educational framework.

The paper concludes with a call to action for increased collaboration among educational stakeholders, suggesting that the collective efforts of teachers, administrators, and external mentors can lead to more significant and sustained improvements in educational practice. The insights provided aim to contribute to the ongoing discourse on effective teacher education and developing robust support systems within schools.

Keywords: Teacher Narratives, Teacher Development, Interactive Read-Alouds, Reflective Practice, Mentorship

キーワード：教師の物語、教師としての成長、インタラクティブな読み上げ、反省的実践、メンターシップ

日本教師教育学会年報
第33号

2

〈実践研究論文〉

〈実践研究論文〉

教職課程授業者の「意図や葛藤、省察の開示」を埋め込んだ授業が学習者及び授業者自身に与える影響
——授業者のセルフスタディとして——

大村　龍太郎（東京学芸大学）

1. 研究の背景と目的

　「教職課程の授業を担当する授業者」と、「それを受講する学習者」の関係は、学校教育で営まれている授業における「教師－子ども」の関係と同型的であり、学習内容含め文脈が同一ではないにせよ、「授業を行う者」と「それに学習者として参加する者」という点においてはまさしく同型である。しかし、ロックラン（Loughran 2006）は、教職課程の授業における授業者の在り方について、「『私が言うようにやりなさい。しかし、私がやるようにやってはいけない』という決まり文句は悪名高いが、これまでの教員養成課程における教師教育では、これが決して珍しい光景ではなかった」と揶揄している。これは日本の大学の教職課程の授業においても目を背けることはできない。つまり、授業者は受講する学習者から見ればまぎれもなく教師という立場であり、教職を学ぶという授業の特性上、授業者のまさに行っているその授業の準備の仕方や授業中の内面、ふるまい等、それ自体が学習者にとって重要な学びの材料になるはずであるにもかかわらず、その意味や戒め、生かし方をじゅうぶんに問うてこなかったのではないかということが突きつけられるのである。渡辺・岩瀬（2017）などをはじめ、自身の授業実践を対象にした実践研究は行われてきたものの、「教職課程授業者自身の授業における在り方」と「子どもと向き合って授業を行う教師」の同型性に着目し、それを意識したり生かしたりして授業を構想・実践することや省察・改善

することに関する実践研究が日本において進んでいるとは言い難い。また、ベリー（Berry 2004）は、教員志望の学習者たちが熟達者のコツや技術、具体的な教育方法等が教師にとって必要なことのすべてだという誤解を招かないためには、教育の本質とは正解がないことだと理解することが重要だとしている。そのための具体的な方策として、ロックラン（2005）は、教職課程授業者が自らの実践上の課題を示すことが必要であるとする。学習者は、授業者の問題や戸惑い、葛藤に触れ、教師が専門家としての判断を下す過程を理解することの重要性や、実践に影響を及ぼす知識の価値を理解し始めるとしている。

　ここまでをふまえるならば、日本の教職課程においても、まさに授業を行っている授業者自身が授業中に直面している問題や戸惑い、そしてそれを省察（reflection in action）しながら教えの瞬間（teachable moment）[1]を見極めて行為したり、以後の展開に対する判断を下し続けたりしているという内面（意図や葛藤）を学習者に晒すことを組み込んだ授業が構想・検証されるべきではないだろうか。それは日本の教職課程における講座・授業[2]においてどのように設計され、学習者の「教えることの学び」にどのように寄与するものとなりうるのだろうか。

　また、教職課程の学習者は、「教えることを学習者として学ぶ」という立場となる。そうであるならば、学習者は学習内容の理解だけでなく、その授業の最中の学習者自身の多様な感情やその理由をメタ的にとらえることが、「教師

として学習者の視点を考える」力を養ううえでも重要な視座となりうると考えられる。教職課程の授業中にそのようなメタ認知を促すことが学習者に及ぼす影響はいかなるものだろうか。

この両者を授業に組み込むことは、学習者が「学習者としての多様な感情や思考、その要因」をメタ的にとらえつつ、「そのような学習者の感情や思考を推察したりフィードバックを材料にしたりして判断・行為をしている授業者の内面（葛藤や意図）」にも触れることになる。両者を授業中・授業後に関連づけて思考できることで「教えること」の複雑性や困難性、高度性がより実感を伴って学ばれうるのではなかろうか。それは先述の渡辺・岩瀬（2017）や渡辺（2019）、園部（2021）にも見られるような教職課程授業における「学習者の立場や視点になることやそれによる素直な感覚・感情、気づきの重視」に、「教職課程授業者自身のふるまいや内面の開示から得る気づき」を掛け合わせる影響を検討できることになる。

さらに、そのような授業の構想・実践は当然、それを通して授業者自身も省察的実践家としての気づき等を蓄積していくものとなる。このような授業の構想・実践は、授業者自身にどのような影響を及ぼすのだろうか。

本研究ではこれらの問いを授業者のセルフスタディとして実践的に検討したい。教師教育のセルフスタディは、先述のロックランやベリーをはじめ、欧米を中心に海外では多数なされ、日本でも広がってきている[3]。しかし、国内では前述のような問いを検討するような授業実践や、それが授業者自身にどのような影響を及ぼすのかを問いとして行われているセルフスタディは見当たらない。日本の教職課程授業の在り方の検討の一つとして、重要な意義があると考えられる。そこで本研究では、教職課程の授業において、自らの実践をもとに次の2点を考察することとした。

（1）以下を組み込んだ一連の講座を構想・実践し、それが学習者の「教えることの学び」に及ぼす影響を考察する。

①授業内容だけでなく、授業者がまさにその授業の中で行っている「教育方法の意図」、及びそれに対する授業者自身の「授業の最中の省察」、授業を終えて次回までに行った「授業後の省察」、判断や葛藤を適宜学習者に検討材料として開示すること

②学習者に、内容だけでなく、教師のふるまいや授業の雰囲気等に対する様々な感覚・感情等のメタ認知を促すこと

（2）そのような授業を構想し、学習者への影響をふまえながら実践していく授業者自身は、

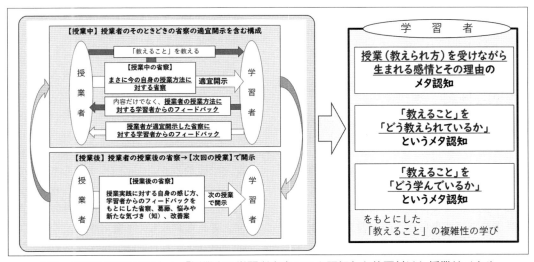

図1 「省察の適宜開示」と「授業中の学習者自身のメタ認知」を位置付けた授業サイクル

そのような実践を通して何に気づき、どのような意味づけがされうるのかを考察する。

２．研究の方法

（1）図1のような授業サイクルの講座開発と実践を行う。

（2）講座の概要を以下のとおりとする。

①講座名：「教職入門」

②講座の内容によるねらい：教師とは何か、教職とは何か、そして今日の教師および教職の重要性について、「これから学びを深めるための課題意識」を持つとともに、教職を目指す、教職について考える心構えを準備する。

③実践時期：2020年10月〜2021年2月

④受講者（学習者）：教員養成大学1年生計51名（初等教育教員養成課程の音楽・美術・幼児教育・情報教育・技術選修）

⑤授業形態：コロナ禍のためオンライン（ZOOM）による遠隔同期型[4]

⑥授業計画：表1を参照

表1　本講座の授業計画

回	内容
1	本講座の目的と方法
2	「教職を目指す人の教育学」とは
3	「教師に求められる資質・能力」とは〜いい先生とは？〜①
4	「教師に求められる資質・能力」とは〜いい先生とは？〜②
5	教職の社会的意義と期待（服務・法的地位・求められる倫理観）
6	教育課程の内容と意義〜教科があるのは何のため？〜
7	「子どもの権利」とは「子どもを大切にする」とは①
8	「子どもの権利」とは「子どもを大切にする」とは②
9	学校における「集団と人間関係」
10	学級における「集団と人間関係」〜いい学級とは？〜
11	学校における協力・協働・連携とは
12	マイクロティーチング体験①（学習指導）
13	マイクロティーチング体験②（生徒指導・生活指導）
14	教職の魅力とは、教員養成で「学び続ける」とは
15	本講座をふりかえって

ただし、本研究は授業計画の有効性を検証することを目的とはしていない。教師の教育方法の意図や授業中・授業後の省察を開示することの学習者及び授業者自身への影響を考察するものである。また、サマラス（Samaras 2011）は、「プロセスという点において、セルフスタディ

は段階的でもなく、直線的な研究方法論でもない。セルフスタディは、疑問をもち、発見し、挑戦し、フレーミング、リフレーミングし、再検討するという解釈学的なスパイラルの中での変化の旅なのである。」としている。よって、計画を変更するという授業者の判断も柔軟に許容し、そう判断して実践したことやその開示が学習者や授業者自身にどのような影響を及ぼすのかについても検討する。

（3）学生に毎回の授業後に「振り返りシート」、また最終レポートとして本講座全体の振り返りを記述させる。いずれも、以下の3つの項目欄をつくる。

①授業の「内容」についての振り返り

②自分自身が「授業を受けている最中」に感じる感覚や感情をもとにした振り返り

③授業者の「授業中の気づきや省察の開示」についての振り返り

（4）クリティカル・フレンド（以下、CF）[5]を1名設定する。

教師教育学やセルフスタディの海外文献翻訳経験者であるT氏をCFとする。CFは研究者兼授業者（以後、授業者）の授業を参観したり、授業者の授業に対する省察を聞いたりし、授業や研究に対するCFの視点からの気づきを授業者に伝える。また、実践後の記述分析や考察の妥当性について議論する。

（5）（2）〜（4）をもとにした気づきを授業者の「省察記述」として記録する。

（6）全授業を通した最終レポートの各項目（（3）①〜③）の内容を分析し、学習者への影響を分析する。分析方法として、

①各項目のすべての記述の内容を、意味のまとまりで区切り、それらを分類し、まとまりの意味（概念）を基にラベリングする。同じ記述で複数の意味群に該当すると考えられるものは複数回起用する。分類するうえで、個人的な文脈のみに依存し講座の内容とは無関係と考えられるものを除外する。

②ラベリングした意味の関係を分析し、全体像を図化する。なお、典型的な振り返りの記

述は、毎回、学習者全員で共有しているため、学習者はそれをふまえてその後の振り返りを記述している。

③全体像もふまえ、影響を考察する。

④②及び③の妥当性については、CFとデータをもとに協議し、付加・修正を行う。

(7) (5) (6) をもとに、授業者自身への影響を考察する。

なお、対象とする講座は「教職入門」（教職の意義等に関する科目）であるため、(3) ①にはその内容の学びが中心で記載されるとともに、講座の目標に準じてその学びが当然なされているものである。しかし、本研究では先に示した授業者の開示や学習者のメタ認知の影響を考察するため、特にそれにかかわる展開の実際や記述を中心に取り上げる。

3．講座の実際

(1)第1回

ここでは、オリエンテーションとして、講座のねらいと本研究の方法とその意図をふまえ、「本講座で受講者に意識してほしい視点」として2点をスライドで提示した（図2）。

そして、「授業者から意見を求められて指名されるときなどの感覚に自覚的になること」「ディスカッションの内容だけでなく、ディスカッションをする状況になったときの学習者の感覚にも自覚的になること」などを、授業の各

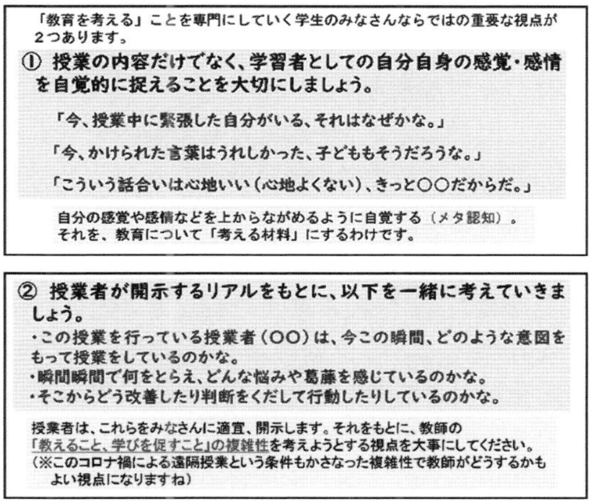

図2　提示した2枚のスライド

場面で適宜促しながら指導した。

授業後、学生の振り返りシートを分析し、共通項を整理した（表2）。これをもとに授業者は授業後の省察において、

・初回としては、学習者は自分の感覚をメタ的に捉えることがよくできている。

・教師が行為の中で省察していることを認識し、それにも目を向けられている。

・自由記述の振り返りではあるが、3つに項目を分けて記述させることで、その視点で授業を振り返ることには効果があるようだ。

と考えていた。そしてそれをもとに、次回の授業のはじまりは、授業者の授業後の省察の開示だけでなく、このような学習者の振り返り自体を取り上げる時間を設け、その価値や互いの感覚の共有を促してみようと考えた。また、授業者がそのように判断したのは、「教師が授業において、子どもに『他者との考えの交流』の価値を実感してほしいのなら、教師になろうとする者が何よりそれを実感すべきだ」という信念に裏付けられているのだと省察により自覚できた。

なお、3つの項目以外の気づきも表現できるように、以降の振り返りシートには「その他」の欄も設定した。また受講者どうしがほとんどコミュニケーションをとったことがない間柄であることも考慮し、授業のはじまり5分間に日常の話題をもとにした簡単なアイスブレイクとしてブレイクアウトセッション（グループに分かれたディスカッション）を位置付けることとした。そのような判断とその意図も学習者に開示した。

(2)第2〜3回

「教師を目指す人の教育学とは何か」について、「教育とは何か」「学校とは何か」「子どもとは何か」「上手な教え方とは何か」についてディスカッションしながら教育哲学、教育経営学、教育社会学、教育方法学等の学問とつなげる予定であった。当初は第2回のみで行う予定であったが、前回の学習者らの振り返りの紹介することにかなり時間をとり、講座2回分を要する

表2　各シナリオの対象学年とテーマ

記述欄	カテゴリ	ラベル	記述例（抜粋）
自分自身が「授業を受けている最中」に感じる感覚や感情	教師に指名される感覚に関わる気づき	指名される学習者に生まれる緊張・不安	誰かを指名する際、すぐに「○○さんお願いします」と声かけをするよりも「じゃあ誰にお願いしようかな」と間がある方が子供たちに緊張感を与えるのかもしれないと思った。初対面の先生や他選修の学生と授業に参加するので、緊張しました。指されないか不安に思ったときに不意に違うところを見てしまいました。
		学習者が指名を期待するときとしないときの違い	先生が指名をして誰かが答える状況になったときでも、毎回緊張したり嫌だなと感じたりするわけではないなと感じました。自分の答えや考えに自信がないときは緊張するし、嫌だなと思うのですが、自分が答えられそうだと逆に指名してほしいと感じたりすることもありました。
	話し手・聞き手・ディスカッションに関わる気づき	話し手に安心感を生むもの	先生が常に「ニコニコ」しながら聞いてくれたところが良かったです。話し手からすると、真顔ほど怖いものはないので、ちょっとした気遣いが、話しやすい雰囲気をつくりだしているのかなと考えました。 先生が反応してくれると嬉しいですねと仰っていましたが、私も自己紹介の時に反応してもらった時、嬉しかったですし、安心して話すことができました。反応は大事なんだと感じました。
		話し手に不安感を生むもの	ブレイクアウトルームで、誰か一人でも「何か他のことをしつつとりあえず話に混ざる」というような人がいるとつらい→生徒に授業に関係ないことをされたときの先生もこんな気持ち？と思った。
授業者の「授業中の気づきや省察の開示」について	教師の失敗に関すること	失敗から学ぶ価値	今日の授業で○○先生（授業者）が「今、言葉遣いが変だった」などと反省されているのを見て、先生も授業を通してどんどん改善しながら慣れていけばいいのだなと思った。
		失敗が学習者に与える影響	一度指名した学生の名前を忘れていた際、「すごく失礼なことをした」と言っていたところで、確かに生徒としてはそのように感じると思った。 教師になったら名前を間違えてしまうのは気をつけようと感じた。確かに教師側からしたら全体（生徒）と自分（教師）なのかもしれないが、生徒からしたらほとんど1対1での個別の授業という感覚なので、よりその思いが強くなっているのかもしれないとも思った。
	教師の省察行為そのものに関すること	教師の態度	受け手に学んで欲しいことを正しく学ばせようとしたり、受け手の感情を考えてやり取りしたりしようとすると、頭の中では常に反省し続けることになるのだろうかと考えた。

こととなった。

　第3回では、第2回の授業をもとに、授業者が「学習者の振り返りをどの程度授業で取り上げるか」が最も大きな葛藤であったこと、そして、「本講座のねらいをもとにした授業者の判断として、学習者の振り返りを学習材として取り上げることの価値を大切にし、時間を割いてでも多く取り上げる」という判断をしたことも学習者に開示した。これ以降、想定以上に学習者の振り返りを取り上げることとなり、15回の全体計画を変更することとなった（表3）。変更した点は、第12・13回の「マイクロティーチング体験」を省き、その2回分で授業の計画にゆとりをもたせるようにしたことである。授業者がこのように判断を下した理由は以下の2点であった。

　i　マイクロティーチングは、4年間の教育法の授業や教育実習で幾度も行うことになる。それよりも学習者としての感覚・感情をメタ認知

し、授業者の省察開示に対する振り返りを促すことを特徴とするこの授業は、その点に時間をかけることを重視すべきであると考えた。

　ii　このように「学習者にとって重視すべきと考えて授業計画を変更する」というカリキュラムメーカーとしての側面とその判断のリアルを提示することそのものが、「様々な状況を加味した判断が教師には必要になる」ことを学ぶことにつながると考えた。

　そして、この2点をもとにした判断を下すまでの迷いも含めて学習者に開示した。

(3)第4回以降

　第3回までを経て、授業者の最も中心となった葛藤は、「学習者の毎回の振り返り記述の紹介を授業内にどう位置付けるか」（取り上げる量と位置付ける時間帯をどうするか）ということであった。第2回は授業の三分の一、第3回は授業の四分の三を「学習者の振り返りを取り上げて紹介し、前回の内容や授業者の行為、学

表3　変更後の授業計画

回	内容
1	本講座の目的と方法
2	「教職を目指す人の教育学」とは①
3	「教職を目指す人の教育学」とは②
4	「教師に求められる資質・能力」とは～いい先生とは？～①
5	「教師に求められる資質・能力」とは～いい先生とは？～②
6	教職の社会的意義と期待（服務・法的地位・求められる倫理観）
7	教育課程の内容と意義～教科があるのは何のため？～
8	「子どもの権利」とは「子どもを大切にする」とは①
9	「子どもの権利」とは「子どもを大切にする」とは②
10	学校における「集団と人間関係」
11	学校における協力・協働・連携とは
12	学級における「集団と人間関係」～いい学級とは？～②
13	学校における協力・協働・連携とは
14	教職の魅力とは、教員養成で「学び続ける」とは
15	本講座をふりかえって

習者の気づきについて多面的に深く考えるきっかけを促す」という構成に変更した。しかしながら、毎回がこの状態では、当然学習内容が終わらなくなる。そこで、「学習者の深い学びを促すために有用であると思いつつも、学習内容を進める必要もある」というその葛藤自体を学習者に開示しつつ、

【第4回～第8回】：取り上げる振り返りの一部を授業の始まりで提示し、残りはオンライン上のフォルダに提供する

【第9回以降】：授業の最初の10分間で、振り返りの資料を各自で読む時間をとり、それについての話題を提供する

という位置付けで構成を行った。そして、毎回の授業の開始時に、「前回の授業を振り返り、『学習者の振り返りの取り上げや位置づけ』を含めて省察し、授業構成を更新する」という授業間の省察や葛藤、判断を学習者に開示し続けた。

⑷全体を通してのCFとの協働について

CFは、授業者の授業を毎回参観し、授業後の授業者とのディスカッションにおいて、

・授業の具体的な内容や方法についての感想
・部分的な代案
・授業者の内面を掘り起こす問いかけと研究的視点の提案

を述べた。いずれも授業者の省察に影響を与えていると自覚はされたが、最も研究や意識に影響を及ぼしていると授業者が自覚していたのは、CFから常に「授業者自身はどう考えているのか」「何をしたかったのか」「それは授業者自身のどのような経験や背景から来ているのか」「どのような経験が生きているのか」を問われたことであった。例えば第4回の授業後では、

> ＣＦ：「迷いますねえ」っていう言葉をあえて何度も言っているよね。あれはなぜ？
> 授業者：あー、確かに。やっぱり、隠しがちだけど、そうやって迷って判断しているんだってことを伝えたいんだと思います。
> ＣＦ：中身の開示だけではなくって、迷っていること自体をそこまで強調するのは、先生のどういう経験が影響していると思う？
> 授業者：あー…自分の教職経験と、いろんな先生たちを見てきて、その…状況に応じた内面の「もがき」があって判断する教師の醍醐味を感じてきたことですね。それをショーンの省察概念などの学術的な知見とかけあわせながら学ぶことの価値を自分が感じているから、それを自分の姿で示すことで学びにしてほしいんだと思います。
> ＣＦ：そこですよね。そういう自分の経験とかも影響して教師教育者としての使命とか役割を考えているんだっていうのを自覚していくのも「セルフ」では大事だと思う。

などのやりとりがあった。セルフスタディの目的は、自分の行為が学習者の学びにどう影響するかだけでなく、「自分の役割」がいかなるものであるかを改めて見つめ直して理解することではないかとの指摘であった。適宜それを話題とすることで、さらに意識するようになり、当初、研究の目的は学習者への影響を中心としていたが、授業者自身への影響もさらによく検討すべきだと考えなおしたのは実践が始まってからのことであった。

4．分析と考察

⑴学習者の「授業を受けている最中の感覚や感情」に関する記述分析

学習者の最終レポートを中心に、項目「『授業を受けている最中』に感じる感覚や感情」の記述を表4のように分類・ラベリングした結果、以下の14が抽出された。

> ・学習者が教師に質問する際に感じる感覚
> ・ワークシート等の学習具に対する感覚

- 集中度に関する感覚
- 他の学習者と比較する、されることへの感覚
- 学習者が教師への評価をしている感覚
- 教師の話とディスカッションの比率に対する感覚
- 教師からの称賛の効果
- 話し手としての感情・心地よさ
- 教師の多様な配慮の大切さへの気づき
- 学習者の感覚に自覚的になる価値
- 話合いやディスカッションに関する気づき
- 教師の笑顔の重要性
- 個々の学習者による感じ方の違い
- 教師が楽しむ、授業内容に価値を感じることの意味

⑵「授業者の『授業中の気づきや省察の開示』に対する学習者の振り返り」の記述分析

　表5のように分類・ラベリングした結果、以下の11が抽出された。

- 意図とずれたときの原因究明の重要性
- 教師と学習者の感じ方の違いに向き合う大切さ
- 教師の思考傾向の学びとその有用性
- 教師の人間性への共感、教師というものへの理解
- 学習者の声を聴いて改善する重要性
- 学び続ける重要性
- 省察を繰り返すことによる成長の理解
- 「自分が教師だったら」という視点の芽生え
- 臨機応変の重要性
- 学習者が何を学んだかの重視
- 失敗や間違いをしたときの学習者への素直な謝罪の重要性

⑶「その他」の欄に関する記述分析

　表6のように分類・ラベリングした結果、以下の8が抽出された。

- 本講座の授業者への信頼
- 互いの省察を交流することの価値、それによる共有
- 実習への期待
- 教師・学習者の両者の視点の大切さ
- 教育の特質にかかわる気づき
- 教師の態度の大切さ
- 学習者の「自己の成長」の実感
- ゲートキーピングとしての本講座の意味

⑷学習者への影響についての考察

　⑴〜⑶をもとにそれらの関係構造を検討し、図3として描いた。構造を描くにあたっては、授業者が仮構造をつくり、CFが記述データに立ち返りつつ批判的に意見を出し、見解が一致する構造となるまで付加・修正を繰り返した。それをもとに考察を行う。

①学習者としての感覚をもとにした教師の在り方への気づき

　学習者は、自身が「授業を受けている最中」に感じる感覚や感情に自覚的になることで、デ

ィスカッションをする際の話し手、聞き手としての自分や、集中しているときの自分など、様々な自分の学習者としての感覚や感情を自覚している。そして、快・不快の感情やそう感じる理由から、教師の学習者への称賛の効果、多様な配慮の大切さ、教師自身が授業を楽しむことの大切さ等、教師の在り方に対する気づきが促されていると考えられる。そしてこのような気づきを通して、学習者としての感覚や感情に自覚的になるということ自体への価値を実感している。

②授業者の省察開示をもとにした教師の成長の在り方への気づき

　学習者が、授業の最中や事後における授業者の様々な省察開示に触れることよって、教師も葛藤や迷いが生じる中で判断をしていること、学習者が何を学んだかを重視しながら次の授業を構想していること、省察して不十分であったところは学習者に謝罪することで学習者が誠実さを感じること、様々に臨機応変な対応が教師には求められることなどを学んでいる。そして、「そのように省察を繰り返すことで教師は成長することを感じた」とする記述が多数見られるとともに、そこから「教師は学び続けることが重要である」という認識に至っている。さらに、授業者の開示を見聞きすることが続く中で、自分ならどうするかと考える視点が芽生えていることが記述群から読み取れた。

③教育の特質にかかわる気づきとそれにつながるゲートキーピング

　授業者の開示によって、教師が「学習者」と「教育者」の2つの視点から授業を構想・実践し、葛藤の中で省察と判断を繰り返していることを実感する中で、教育には常に万能な方法や対応があるわけではないという一回性や文脈性の特質に気づく記述が見られた。学習者はそのことに気づいた自己の成長を実感し、実習への期待を膨らませたり、そのような力を身に付けていきたいと意欲を高めたりする学生がいる一方で、「このような教師の仕事に、自分は本当に向いているのか、これから考えていきたい」と

いう記述も見られた。これは一定、このような授業が、教師になるための意欲を高めるとともに、学習者が教育に携わることに対するゲートキーピングの役割を担っていることが示唆される。

④学習者が授業者の評価者であることと信頼関係

学習者は、常に授業者への評価をしているという感覚ももっていた。授業者が学習者の意見や感想を真摯に受け止め、それを開示するとともに、省察をもとに改善案を検討していくプロセスや結果自体も開示し続ける授業に対し、学習者は本講座の授業者へ強い信頼を伝える内容を多数記述した。このことから、学習者に対して授業者が内面を明かし、省察しながら努力を続けているという姿を見せるという授業の在り方が、授業者と学習者との間に信頼関係を生み出すことにもつながることが示唆されていると言えるだろう。さらに、そこで信頼関係が生まれたとすれば、「教師の誠実な自己開示は、子どもとの信頼関係のある学級づくり・授業づくりにつながりうる」ということを学習者が学ぶことにもつながる可能性がある。実際にそのような記述も見られた。信頼関係がつくられていく

表4　「自分自身が『授業を受けている最中』に感じる感覚や感情」の記述分類（抜粋）

ラベル	学習者が教師に質問する際に感じる感覚	ワークシート等の学習具に対する感覚	教師からの称賛の効果	話し手としての感情・心地よさ	集中度に関する感覚	…
記述例	・自分の中で質問したいという気持ちと、うまく説明できないかもしれないから自信がないという不安が戦っていてとてもモヤモヤした。…黙っている子は質問が全くないのだと一概には言い切れないと思った。	・…こまめにメモをするなどして改善したいが、ワークシートは下手をすると生徒の考えを狭めたりしてしまうこともあるのではと思った。	・「いい意見ばっかりだった」と本当に思ってくださっていることが伝わってきてうれしくなった。…伝えることで子供たちのモチベーションはかなり上がるのだと思う。	・自分がしゃべっている間、いい意味での沈黙を保ってくれることは、すごくありがたいなと感じました。生徒皆の聞く姿勢を普段から育てることも大事だと思いました。	・今日の授業では「自分集中していたな」と思いました。…授業がもうすぐ終わると分かったとたんに疲労感が感じられて、今日の内容をちゃんと振り返りたいと思う一方で「早く終われ〜！」と思ってしまう。	…

表5　「授業者の『授業中の気づきや省察の開示』について」の記述分類（抜粋）

ラベル	意図とずれたときの原因究明の重要性	教師の思考傾向の学びとその有用性	省察を繰り返すことによる成長の理解	教師の人間性への共感、教師というものへの理解	教師の学習者への素直な謝罪の重要性	…
記述例	・…授業前にものすごい入念な準備とイメージをされてそうなのに15分も予定とずれるのは、授業の時間配分の難しさを感じました。…原因が運営にあるのか、それとも計画や予定にあるのか考えて振り返りをしていたのが印象的であった。次に生かすためには、その問題の原因を的確に捉えることが重要であるだろう。	・…最近はもはや先生がこんなこと考えているんだろうなというのが分かってきた。最後、話し合いが終わって帰ってきたときに、「どうしようか迷ってるなって思ったでしょ」という問いかけをされて、思わず笑ってしまいました。毎回の省察である程度予想ができるようになったことを見越しての問いだと思います。…私たちの考えていることも授業の中に取り入れているのだなと感じました。	・この授業において、…10分間黙読のように変えて行ったり、ブレイクアウトルームでも、ホワイトボードを使うようにしたり、終了時刻を言うようにしたり、など、どのようにすれば効率が良く、より学びにつながるかを先生が模索している様子が見れた。ここまで先生が授業に対して模索している様子を見れた授業は今まで経験がなく、振り返って考えてみると驚いた。省察しながら成長していくのだと思った。	・…反省して次に進んでいく先生はとても親しみやすく、より身近な存在として感じられるために、授業も楽しくなると感じました。・教師も一人の人間であることを痛感した授業だった。子どもとして教員を見ていると、教員は絶対的な権力を持っており迷いなどなさそうに見えていた。しかし教職入門の授業を通して、教師も日々悩み考えながら子どもたちに寄り添っていたことが分かった。	・先生の省察で記憶に残っているのは、…気づいたときにすぐに良くないことをしたと謝罪したところだ。先生という立場上、子どもの模範となるべき指導者なのだと思っていると、ごまかしたり気づかないふりをしたりする人もいるとは思うが、先生も人間だということは子どももよく分かっているし、気づいたらすぐに間違いを訂正することは重要なことだと感じた。	…

実践研究論文　73

表6　「その他」の記述分類（抜粋）

ラベル	本講座の授業者への信頼	互いの省察を交流することの価値、それによる共有	両者の視点の大切さ	教師の態度の大切さ	ゲートキーピングとしての本講座の意味	…
記述例	・…学生からすると自らの意見が教師にここまで認めてもらえ、共感してもらい、対等な立場の一意見として考えてもらうことのできる経験はなかなかなかったのではないかと思う。「教師が正解ばかりを求めていないな」「どんな考え方でも決して否定せず認めてくれる」などと感じれば、自然と子どもの意見交流は活発になり、学習に積極的になれるのだと、自分が○○先生の授業をうけたことで感じられた。それは自分が教師になった時も実践したいと思う。	・…○○先生（授業者）の発言によって自分とは感覚が違う人の方が大多数であることが多いなということに気づいた。前回の内容の振り返りでは…同じ意見を書く人がいることが、改めて面白いと思った。…この授業を受けて、プラスの面とマイナスの面を考えられる思考回路がつながってきたのかもしれない。	・…子ども側と教師側両方の視点で教育について考えることができるようになりました。今までは、授業の効率性とか、わかりやすい話し方だけを考えていたけど、子ども側からみた受けやすい授業について考えるようになって、自分の中の教育の幅が広がったのかと感じることができました。	・口には出さずとも、学生側を信頼しており、好意的に思ってくださっていることが伝わった。…加えて、先生が毎回同じテンションで、授業を進めていることはやる気につながった。教師も子どもと同様、人間であるから、疲れていたりイライラしていたりする日はあると思う。それでも、自分の感情を悪い意味で授業に影響させないプロ意識は大切だと感じた。	・一方で、この授業で教育について学べば学ぶほど現場での教育はとても難しそうで自分にできるのかという不安が大きくなりました。これからの学びでどうなっていくのか、よく考えていきたいと思いました。	…

過程を実感する中で、学習者は「このような信頼関係が生まれるのはなぜなのか」と考える契機や姿勢が生まれ、それが教師としての資質向上につながっていくことも考えられる。

(5)授業者自身への影響についての考察

①授業者のメタ認知と授業改善への態度

実践において授業者は、いわゆる「赤裸々」に自分の授業における葛藤や迷いながらの判断などの思考状態を学習者にさらさなければならない。しかしこれは同時に、授業者が自分の授業をどのように省察しているか自体のメタ認知を促すことになった。そしてそのことにより、授業をより深く考えようとする態度を必然的に生み出した。また、授業を柔軟かつ意図を明確に修正しようとする態度と行為を生み出すことにつながると自覚できた。開示は授業者に少なからずプレッシャーを与えることにもなるが、「教職課程授業者⇔教師志望学習者」「教師⇔子ども（学習者）」という同型性がその性質であるはずならば、自身の省察自体を学びの材料として提示することは重要な行為であるとも自覚させた。このことから、学習者に開示するという

設定そのものが、そのような自戒を授業者自身に迫らせる効果があると言える。

②学習者との信頼関係の構築

前述のように、このような開示は学習者と授業者の信頼関係の構築に有意な影響をもたらすと考えられる。その関係の構築の実感につれて授業者の授業に対する意欲は向上したと実感している。授業者の内面の開示は勇気も必要ではあるが、真摯に行うことで信頼関係を構築できれば、教職課程授業者の授業への意欲向上にも有効に作用すると考えられる。

③アイデンティティや信念との関係

ただし、本授業の構想から実践、また授業者自身がそれによってうける影響自体も、授業者（セルフ）のこれまでの経験や信念、自覚するアイデンティティが当然影響している。

授業者は元小学校教諭（担任経験16年）であり、某県教育センターの指導主事を経験し、研究者教員として大学講師から現在の准教授に至っている。その歩みの中で、「教師を目指す学習者が何をどのように学ぶべきか」ということに対する信念が形成されている。例えば、「教職課

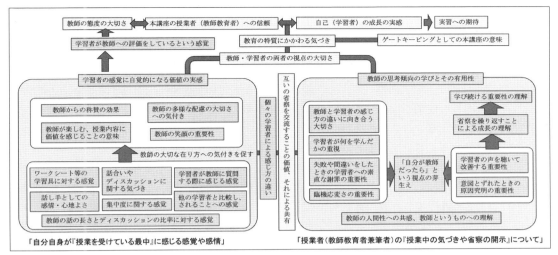

図3 学習者の振り返りの内実とその関係

程の学習者は、教師の葛藤や判断の複雑性を学ぶことが必要である」「授業者は教職課程ならではの同型性を意識し、自分の姿を積極的に学習者の学びの材料にする必要がある」「授業者の判断の妥当性の根拠は、常に『学習者側の感覚・感情や学びの内実、実感』に求める必要がある」などである。これは、授業者の学校現場における授業経験、そこでの様々な葛藤や判断の試行錯誤の経験が確実に影響している。よって当然ながら、授業者自身への影響についての考察は、「セルフ」の文脈をふまえた影響としての考察である。教職課程の授業を担当する者は、誰しも自身のアイデンティティやそれまでの経験によって形成された信念の影響なしに実践を行うことはできない。重要なのはそれに自覚的になることであり、そのうえで自身の実践を省察し、次につなげていくことであろう。

そしてそのようなセルフスタディとしての本実践研究は、毎回授業を参観したCFが授業者に対して、「学習者への影響」だけでなく、常に「授業者としての自分のありようや内面に目を向けること」を促す指摘をしたことの影響が大きい。そのことが「自身がなぜこのような授業を構想したのか」「ここでこのような省察を開示することは、自身のどのような経験が影響しているのか」「そのような経験を有する自分の授業者としての役割は何か」を見つめ、自身のアイデンティティや信念を自覚したり、それと実践のありようを関係づけたりする省察へとつながった。

5．取組の意義と今後の課題

教職課程における授業は、「受講する学習者がいずれ教壇に立つ側になる」という点において、学習者にとっては、授業者の授業構想やふるまい自体も学びの材料になるという特質をもっている。また、学習者自身が授業中に感じている心地よさや不快感も、学校教育で子どもが同様の感覚をもつかもしれないという意味で学びの材料になるという特質がある。これらのことをふまえて、授業者の授業中及び授業後の省察や葛藤、様々な判断の意図を学習者に学びの材料として開示することが学習者にどのような影響を及ぼすかを実践的に検討したことは、次の点で意義がある。すなわち、そのような授業が「授業を行う教師の複雑な在り方」に対する学習者の考えを深めることに寄与することが示唆されたこと。学習者が「授業の受け手」としての感覚や感情に自覚的になり、学習者・授業者両者の視点から授業という営みに対する考えを深めることに寄与することも示唆されたこと。そして、授業者にとっても自身の省察をよ

り深め、アイデンティティや信念を自覚しながらよりよい授業づくりを求める姿勢を生み出すとともに、そのことが学習者との信頼関係の構築にも寄与しうることが示唆されたことである。

なお、教職課程の授業を担当する者が自身の授業実践、それによる学習者への影響、そして自身の内面まで含めて対象化するというセルフスタディは、個人の経験等の文脈から逃れられないものであると同時に、主観からも逃れられない。しかし、それ自体を研究の負としてとらえるのではなく、その影響があることを強く自覚したうえで、それこそが自身の実践やありようを対象にすることの意義でもあることをふまえた研究としての考察が重要といえよう。その際、授業者の実践や研究対象の文脈から切り離されたCFを設定し、CFが研究の構想や授業に異なる視点を含めて意見すること、またデータや授業者の分析について冷静かつクリティカルに検討を加えることの役割は大きい。そのことで研究結果の妥当性を高め、読者が類似した実践を行うための契機や、読者自身の文脈に寄せつつ適用可能性を検討することを可能にする。教職課程授業者兼研究者としての自身の実践や内面に焦点を当てつつ、そのような開かれたものにすることもセルフスタディとしての本実践研究の意義と言えよう。

今後の課題として次の五点が挙げられる。

第一は、本研究は教職を学ぶ入門期の学習者を対象としたが、教職を学び始めて数年が経過した学習者に同様の手法で授業を行った場合、どのような影響の違いがあるのかについての検討である。これは単に入門期か数年後かという時間的経過だけでなく、その間にどのような教職の学びを経験してきているかという文脈も影響する。そのこともふまえ、学習者及び授業者にどのような影響の違いがあらわれるのかを検討したい。

第二は、第一と関わって、入門期として本講座を受講した学生の追跡である。本講座により、学習者は授業中の「授業の受け手」として

の感覚をメタ認知することで教師としてのふるまいを考えるための材料にすることや、授業者の授業構想や授業中のふるまいにどのような意図や葛藤や判断があるのかを見ようとする力が高まっていると考えられる。そのような学習者がその後の様々な授業をどのように受講し、どのような考えを形成することになるのかについて明らかにする必要がある。

第三は、教職課程でも、教育方法や教科教育法など親和性が高いと思われる講座と他の講座での影響の違いについての検討である。筆者は、授業者の省察開示や学習者のメタ認知が、個々の講座に限らず教職課程のあらゆる講座に通底して意識されることは、教師としての力量形成のうえでも、教職課程授業者自身の授業力向上の意識づくりの面でも有効ではないかと仮説を立てているが、今回の一事例としての実践では検証はできない。様々な授業や連続性をふまえた検証が必要である。

第四は、授業者個人の信念やアイデンティティによる影響の違いはいかなるものかという検討である。前述のように、それらが異なれば、実践におけるふるまいや省察、及び学習者の反応から受ける影響にも違いが生じるはずである。本研究の授業者以外が本研究のような様々な開示を行う実践を行った場合に、どのような違いが生じるのか、またそれはどのようなアイデンティティや信念の違いが生み出したものなのかを事例比較することで、個別文脈的要素が強いものと、通底するものとが知見として明らかになる可能性がある。

第五は、本研究における実践は、オンラインによる遠隔同期型の実践であったことである。本研究のような実践は無論対面型の授業でも実践できるが、感覚は異なる。空間を共にしていない半面、オンラインの方が一人一人の表情がよく見える側面もある。授業者、学習者いずれへの影響も同様とはいえないであろう。オンライン授業と対面授業での影響の違いも考察する必要がある。

以上について、今後も引き続き検討していき

76　日本教師教育学会[年報第33号]

たい。

文献一覧

Berry, A. (2004). "Self-study in teaching about teaching." In. Loughran, J.J. et al. (Eds.), International Hand book of Self-study of Teaching and Teacher Education Practices (2), Dordrecht: Kliwer: 1295-1332.

Loughran, J. (2005). Researching Teaching about Teaching: Self-Study of Teacher Education Practices. Studying Teacher Education,1 (1): 5-16.

Loughran, J. (2006). Developing a Pedagogy of Teacher Education: Understanding teaching and learning about teaching, Routledge reproduced by permission of Taylor & Francis Books UK.

Samaras, A.P. (2011). Self-study teacher research: Improving your practice through collaborative inquiry. Thousand Oaks, CA: Sage Publications, Inc.: 81.

園部友里恵（2021）「何が現職教員学生を『学習者になること』から妨げるのか：模擬授業実践における学部新卒学生との経験差に着目して」『質的心理学研究』20巻 Special: 82-89。

渡辺貴裕、岩瀬直樹（2017）「より深い省察の促進を目指す対話型模擬授業検討会を軸とした教師教育の取り組み」『日本教師教育学会年報』26：136-145。

渡辺貴裕（2019）「協働的でより深い省察を伴う授業検討会に向けての話し合いの様相の変容：教職大学院における模擬授業検討会の取り組みの事例を手がかりに」『日本教師教育学会年報』28：96-106。

注

(1) "teachable moment" は、Havinghurst, R.J (1953). *Human Development and Education*. Longmans, Green and Co.において使われたことで広まったが、Lawson, P.J., Flocke,S.A. (2009). Teachable moments foe health behavior change: A concept analysis. Patient Education and Counseling, 76 (1): 25-30. では、教育する機会としての"opportunity"とほぼ同義で用いられていることが多いと報告している。これらをふまえ、本研究では教えの瞬間（teachable moment）を「意図的・計画的な場面のみならず、授業中の文脈における偶発的な出来事も含め、教育目的につながる内容を学習者が学ぶ機会と授業者が判断する局面」と定義する。

(2)本研究では、全15回をまとめて「講座」、その1回ずつを「授業」と示す。

(3)例えば、齋藤ら（2024）『セルフスタディを実践する：教師教育者による研究と専門性開発のために』学文社では、教師教育者のセルフスタディの確立経緯や状況、国内の研究事例等が示されているが、本研究のように日本の教職課程授業における授業者の省察開示を組み込んだ実践研究は示されていない。

(4)コロナ禍により対面ではなくオンラインとなった。その影響と課題については「5．取組の意義と今後の課題」で言及する。

(5)J.ロックラン監修・原著、武田信子監修・解説（2019）『J.ロックランに学ぶ教師教育とセルフスタディ』学文社において、CF（批判的友人）は次のように説明されている。

「自分自身の実践を振り返り枠組みを再構築することを助ける仲間。実践者が実践を振り返るために、互いへの信頼感をベースとしつつ時には厳しいコメントや質問もし、ともに実践を振り替えりながら実践者が経験から学び、専門性を高めることを助ける。」

また、その解説のもととなっているのは、Russell, T., Schuck, S. (2005). Self-Study, Critical Friendship, and the Complexities of Teacher Education *Studying Teacher Education*, 1 (2): 107-121.である。本研究で設定したCFは、授業者（研究者）が信頼し、上記のような議論を行える相手として選出し、依頼した。なお、上記の説明では実践の改善を中心とした印象を受けるが、本研究においては、実践（授業）に対する議論はもちろん、研究の枠組みやデータの分析等についての指摘まで含めて議論する相手として依頼している。

ABSTRACT

The Impact of Lessons that Incorporates Disclosure of Intentions, Conflicts, and Reflections by the Teacher Educator on Learners and on the Teacher Educator Oneself: Self-Study of the Teacher Education Practice

OHMURA Ryotaro
（Tokyo Gakugei University）

The relationship between "the teacher in charge of teaching courses" and "the learners who take those courses" is the same type of "teacher-child" relationship that exists in the classroom in school education. In Japan, however, there has not been much research on conceiving and improving teaching courses with this in mind.

Therefore, in this study, I incorporated the following as a researcher and teacher educator in a course on "Teaching to Teach."

Not only the content of the class but also the "intention of the educational method" that I am implementing in the class, my own "reflection during the class" and "reflection after the class," judgments and conflicts made after the class and before the next class are disclosed to the learners as appropriate for their consideration.

Encourage learners to be metacognitive not only about the content of the lesson but also about how they feel about the teacher's behaviour, the events of the class, and the atmosphere of the class.

I then examined the impact of such classes on the learners. In addition, I examined the impact on myself.

The results revealed that learners learned about the effects of teacher praise and diverse considerations based on what they thought about when they were being taught. It was also clear that they were learning that the teacher was making decisions while being lost and conflicted and that the teacher was growing through reflection.

It was also revealed that teacher educators could deepen their reflection and create an attitude of seeking to create better lessons while being aware of their identities and beliefs. It was also suggested that this could contribute to building a trusting relationship with learners.

Keywords: **Teaching about Teaching, Self-Study, Disclosure of Teachers' Intentions, Conflicts, Reflections**

キーワード：教えることを教えるということ、セルフスタディ、教師の意図や葛藤、省察の開示

日本教師教育学会年報
第33号

3

〈研究奨励賞〉

研究奨励賞

松田　香南
「校内研修の組織化における地域性とその特質
──1958 年から 1960 年代初頭の沖縄県を事例に──」

深見　智一
「学校ベースの教師教育者の教育実習指導に関する省察
──自己エスノグラフィーを用いて──」

研究奨励賞の審査経過について

木原俊行（褒賞委員会委員長）

　2023年度に、会員の研究活動をより活性化さ
せ、質の高い研究成果の発信を促進するための
褒賞制度として、研究奨励賞が創設されまし
た。

　第2回目となる、2024年度研究奨励賞を選考
するにあたって、2023年11月に、同年度の褒賞
委員会が組織化されました。委員会は、木原俊
行（委員長、理事、大阪教育大学＜当時＞）、和
井田節子（副委員長、理事、共栄大学＜当
時＞）、川村　光（年報編集委員会委員、関西国
際大学）、佐藤修司（理事、秋田大学）、佐藤
仁（理事、福岡大学）、八田幸恵（理事、大阪教
育大学）の6名で構成されました。2023年12月
17日に第1回委員会を開催し、審査対象、審査
基準、委員が審査可能であること等を確認しま
した。

　年報編集委員会より、論文審査規程第1条に
即して本人に資格を確認してもらった結果、今
回の審査対象は、年報第32号に掲載されてい
る、研究論文6本、実践研究論文1本となりま
した。これらの論文を、各委員が、規程に従い、
（a）課題設定の意義、（b）研究方法の適切性、
（c）研究内容の独創性、（d）研究の将来性とい
う基準で評価しました。

　その結果を、2024年3月3日に第2回委員会

を催して、委員会メンバーで協議しました。慎
重に審議した結果、83頁の審査報告書のような
結論に至りました。そして、その内容を2024年
4月15日に、会長に伝えました。

　2024年4月20日の理事会にて、会長より、審
査結果が諮られ、理事より、承認が得られまし
た。

　受賞された論文を執筆なさった会員に、心よ
りお祝い申し上げます。また、審査等にご協力
くださった、新旧年報編集委員会委員長に、御
礼申し上げます。

受賞にあたって

松田香南（名古屋大学大学院）

　この度は、貴学会の2024年度研究奨励賞にご
選出いただき、至極光栄に存じます。研究活動
に一層励むよう、身の引き締まる思いです。

　拙稿「校内研修の組織化における地域性とそ
の特質─1958年から1960年代初頭の沖縄県を事
例に─」は、戦後の荒廃した沖縄で、教職員集
団がどのように各学校の研修体制を組織化しよ
うとしたのか、その過程と地域的特質に着目し
た論文です。

　日本における校内研修の組織化は、文部省と
日教組との対立が熾烈化する中、行政側の戦略
的な体制構築によって展開したとされていま
す。その一方、当時の沖縄では、沖縄県教職員
組合の前身である沖縄教職員会が、沖縄の教育

界において多大なる影響力を持っていました。さらに、米軍の占領下にあったことで、日本復帰へ向け、沖縄教職員会と行政は、協働的な関係にありました。これにより、沖縄においては、日本本土とは様相を異にする、校内研修の組織化が展開していきます。

今回の論文は、1972年まで続く米軍占領期のうち、1958－1960年代初頭の動向に焦点を当てたものであり、沖縄の校内研修組織化過程の全体から見ると、その展開期に位置づくものと考えております。1960年代中旬以降はその方針にも転換が見られるため、この時期の動向についても、現在研究を進めているところです。

また、行政と教職員組合との関係性など、学校や教職員集団を取り巻く状況は、地域ごとに違いが存在したことから、校内研修の組織化過程については、各地域の特性が見出し得ると考えております。そのため、沖縄に限らず、日本国内のさまざまな地域を対象に、校内研修の組織化をめぐる歴史的変遷を明らかにすることも、今後取り組むべき課題です。

今回、貴学会の研究奨励賞をいただいたことを励みに、教師教育学研究に微力ながらも貢献できるよう、引き続き研究活動に邁進していく所存です。日本教師教育学会大会の研究報告および研究論文の執筆過程でご指導くださった先生方、貴学会関係者の皆様に感謝申し上げます。今後ともご指導ご鞭撻のほど、何卒よろしくお願い申し上げます。

受賞にあたって

深見智一（北海道教育大学釧路校）

この度は、拙稿「学校ベースの教師教育者の教育実習指導に関する省察―自己エスノグラフィーを用いて―」を研究奨励賞に選出していただき、心より感謝申し上げます。受賞に至りましたのは、本研究に様々な形で関わって頂いた多くの先生方のご協力の賜物と考えております。

対象となった論文は、教師教育者としての実習指導教員を支援する方策を明らかにするために、実習指導教員（小学校教員である筆者）が、教育実習生への指導をどのように省察し、教師教育者としての専門的力量を高めようとしているのかを検討したものです。その結果、実習指導教員が学校ベースの教師教育者としての自覚を有するなかで、first-orderの教師としての省察を生かして、second-orderの教師教育者として役割を果たそうとしていたことが分かりました。また、自己エスノグラフィーの手法を用いて自らの省察について他者性をもって分析することから得られた結果として、自らの指導教員としての役割や正当性への「揺らぎ」が多い中で実習指導にあたっていたことを明らかにすることもできました。

とりわけ、本稿で研究対象者となった教育実習生には、実習期間という緊張する中で本研究にご理解・ご協力を頂きました。研究の性質上、授業実習や児童下校後に毎日行っていた振り返りや教材研究などを録音・録画することになり、できるだけ教育実習生に負担にならないように努めましたが、そもそも、教育実習生のご協力なくしては成り立たない研究でした。ふと投げかけてしまった研究的な問いかけに対しても、「これくらいでお役に立てるなら」と誠実にご対応頂きました。結果的に、教育実習生が意欲的に学び、児童と向き合おうとする姿を目にすることで、私自身の教師教育者としての自覚も高まり、本稿の執筆・完成に大変刺激を頂くことができました。改めて感謝を申し上げます。

また、本研究を実施した際に勤務していた小学校の同僚や管理職のご理解・ご協力もたくさんありました。本研究は、教育実習生の指導がミッションと言える教員養成系大学の附属学校ではなく、公立学校における研究でした。複雑かつ多様な課題に日々忙しく対応している学校で、一過性の業務と捉えられがちな教育実習指導の研究を行っていることについて、「現場目線の研究が大切だ」という励ましの言葉をかけ

て頂き、研究をすすめることができました。研究の関係上、教育実習生を受け入れる機会が多くあり、私が担任を務めた学級の子ども達の協力があったことにも心に留めておきたいと思います。

　そして、本学会の会員の皆様に感謝申し上げます。とりわけ、第11期の年報編集委員会の査読者の先生方には、大変お忙しい中、非常に丁寧にご指導いただき、たくさんの貴重なご示唆を頂きました。説明が不足している箇所や論文の構成に不十分な点が多数あった中で、意図を丁寧に汲み取って頂き、このテーマを研究することの意味を私自身が再認識させていただくことができました。また、研究大会や若手研究者育成支援部の論文作成支援セミナーなどでの会員の皆様との交流を通して、研究の方向性や論文作成に必要な考え方を学ばせて頂くことができました。褒賞委員会の先生方、関係する諸先生方にも感謝を申し上げます。

　このように本学会と関わることができるようになったのは、教職大学院派遣研修時に本学会への入会を勧めて頂いた先生方のおかげでもあります。修了後も、研究の内容や方向性について気にかけてくださり、指導や助言をしてくださったことで、理論と実践の往還をしながら教育・研究活動をすすめることができました。

　このたびの受賞を機に、これからも学校現場に根差した実践的な教師教育研究に精進し、本学会の研究活動により一層貢献することができるよう努力を重ねていく所存です。重ねて、この度の受賞に深く御礼申し上げます。本当にありがとうございました。

日本教師教育学会2024年度研究奨励賞　審査報告書

褒賞委員会
委員長：木原俊行（四天王寺大学）

褒賞委員会規程第５条に基づき、当委員会は2024年度研究奨励賞の審査結果を報告いたします。

委　員　長　木原俊行（理事・四天王寺大学）
副委員長　和井田節子（理事・NPO法人子ども支援地域プラットフォーム）
委　　　員　川村　光（関西国際大学）（＊年報編集委員会委員）
委　　　員　佐藤修司（理事・秋田大学）
委　　　員　佐藤　仁（理事・福岡大学）
委　　　員　八田幸恵（理事・大阪教育大学）

結論
　褒賞委員会規程第５条に基づき、当委員会は2024年度第２回研究奨励賞の候補として、以下の２論文を推薦することを決定した。

松田香南（名古屋大学大学院）「校内研修の組織化における地域性とその特質－1958年から1960年代初頭の沖縄県を事例に－」
深見智一（釧路町立遠矢小学校）「学校ベースの教師教育者の教育実習指導に関する省察－自己エスノグラフィーを用いて－」

審査理由
　審査においては、４つの審査基準、すなわち (a) 課題設定の意義、(b) 研究方法の適切性、(c) 研究内容の独創性、(d) 研究の将来性を各対象論文がどのように満たしているのかを踏まえた。慎重審議の結果、以下の２つの論文が研究奨励賞に値するとなった。
　１つは、松田香南論文「校内研修の組織化における地域性とその特質－1958年から1960年代初頭の沖縄県を事例に－」である。本論文は、1958年から1960年代初頭にかけての沖縄県の校内研修の組織化を追究するものである。その着眼点にはオリジナリティがあり、その知見には新規性がある（研究内容の独創性）。一面的に描かれがちな校内研修の歴史に対して一石を投じている。また、教師の自律性という見地から、歴史研究でありながら、今日そして今後の教職のあり方の議論にも貢献できる内容である（研究の将来性）。さらに、本論文の著者が史料にていねいにあたり、史実を精緻に分析している点も評価された（研究方法の適切性）。
　もう１つは、深見智一論文「学校ベースの教師教育者の教育実習指導に関する省察－自己エスノグラフィーを用いて－」である。本論文は、実践研究論文であり、教育実習生に対する自身の関わりを対象化し、省察したものである。教育実習生に対する実習指導者の関与、その役割遂行は実践的価値を有しているが、これまで必ずしも追究されてこなかった研究トピックである（課題設定の意義、研究内容の独創性）。また、本研究ではそのための研究方法として、フィールドノートを題材とする修正版グラウンデッド・セオリー・アプローチが採用されているが、その手続きも確かであると評価された（研究方法の適切性）。さらに、著者は研究結果に関して先行研究を参照してその妥当性や意義を確認しており、知見の学術的蓄積が確認されている点もすぐれていると判断された。そして、本論文のタイトルに付せられた「学校ベース」の教師教育者の存在は今後ますます注目されるであろうし、それは大学ベースの教師教育者の役割等を再考する契機や視点をもたらすという点で、本論文の内容に関して研究の将来性が期待されることも評価された。

日本教師教育学会年報
第33号

4

〈研究倫理の広場〉

研究倫理の広場

――調査開始から論文掲載までの プロセスにおける研究倫理――

教師教育研究で求められる研究倫理と 研究倫理委員会の役割

研究倫理委員会
長谷川哲也（岐阜大学）

　最近の研究倫理をめぐる問題状況をみると、東京大学では不正行為により7件目の博士学位の取り消しが起こったり、また別の大学では学長経験者による研究不正が発覚したりするなど、研究の信頼性を揺るがす出来事は枚挙にいとまがありません。ただし、研究の信頼性を左右するのは、こうした目に見える不正行為そのものだけではなく、それ以前の、不正行為に対する心の持ちようや、研究に対する配慮・注意深さといった、まさに研究倫理に対する意識のあり方ともいえます。研究の枠組み、調査の設計、調査対象との関わり、調査の実施、データの収集と分析、論文の執筆と投稿、これらのプロセスの各場面で、高い研究倫理の意識を持ち続けることが求められます。

　本学会では、日本教師教育学会研究倫理規程第14項「学会の責任」として、会員の皆さまの研究倫理に対する意識の深化を図るため、学習機会の提供や啓発活動を推進することが定められており、これは研究倫理委員会の設置目的の重要な柱となっています。研究倫理委員会が発足した第11期には、学習機会の提供や啓発活動の一環として、研究倫理学習会や「研究倫理の広場」などを展開し、研究倫理に関する情報提供や課題共有に取り組んできました。私も委員の一人としてこれらの活動に携わりましたが、多くの会員の皆さまに関心を持っていただき、

研究倫理に対する意識の高さを実感することができました。第12期の研究倫理委員会も前期の活動を継承し、研究倫理に関わる会員サービスの一層の充実に取り組んでいきます。その時に大切にしたいこととして、研究倫理は研究を縛ったり制限したりするものではなく、研究の可能性を拓くものである、という方針を貫いていきたいと考えています。研究倫理と聞くと、とかく研究を窮屈にさせたり、できないことが多くなったりするイメージが持たれることもあり、実際に所属機関の研究倫理委員会の審査で研究計画が承認されないこともあります。ただし見方を変えれば、これまではあまり意識されてこなかった研究倫理に着目し、規定や審査を通して研究の信頼性を確かなものにしていくプロセスと捉えることもできます。研究を「ろ過」するための新たな「フィルター」が加わり、より洗練されたエッセンスを抽出することができるのかもしれません。特に教師教育研究の分野では、教育実践研究への関心がますます高まっていますが、学校現場ではあまり意識されてこなかった研究倫理という「フィルター」を通すことで、教育実践研究の信頼性を担保して流通可能性を高めることができるでしょう。研究倫理のあり方をこのように捉えると、研究倫理委員会に課された役割は、学術研究、実践研究、そして教育現場をより豊かにするための、研究倫理に関わる学習機会の提供や啓発活動を展開・充実していくことにあります。

　そこで第12期の最初の研究倫理学習会では、教育現場の現実に根差した研究を進める際、上記したような、研究の計画や調査開始から論文執筆・掲載までの各場面で、どのような研究倫

理上の問題に気をつけたらよいか、事例研究やインタビュー調査で注目されている小田郁予会員（早稲田大学）と伊勢本大氏（松山大学・非会員）に話題提供をお願いしました。小田会員は教育学や教師教育学を専門とされており、学校現場に密に入って教師の相互作用を観察し、一人ひとりの声を聴くフィールドワークに基づく質的な調査研究を行っていらっしゃいます。伊勢本氏は教育学や教育社会学を専門とされており、個々の教師のライフヒストリーを聞きながら教師という職業とそれにまつわる議論についてご研究されています。

以下では、2024年3月31日にオンラインで開催された第1回研究倫理学習会でお二人に話題提供していただいた内容をあらためてご紹介いただき、その後のブレイクアウトルームでのディスカッションの様子を研究倫理委員会よりご報告します。私自身、質的研究において研究倫理上で配慮すべき視点について、あらためて考えたいと思います。

研究倫理を核とした質的研究
―調査前から執筆までの倫理と役割―

小田郁予（早稲田大学）

本報告では、現場の先生方と生活を共にしながら行うエスノグラフィックな質的研究における研究倫理について、各段階で具体的に何を行い、どのような意味があったか、難しさは何かについてご報告致します。

1．調査前：フィールドエントリー
―協力者と研究のこれからを守る

第1段階目である調査前段階では、対象選定に留意し、以下の3点を行っています。
①教育委員会への概要説明と協力依頼
②校長・管理職への概要説明
③全教職員への説明⇒書面による承諾
この段階で重視していることは、①②の段階で具体的な研究上の問いや課題をお示しし、同様の課題意識をお持ちの学校や先生をご紹介頂

くということです。②③の段階では、先生方の不安に繋がるであろう点を明示し、それらにどう対処する準備があるかをお示しすることも大切にしています。ここでは研究協力への不安を表明された先生が過去にもおられたこと等をお示しし、協力は任意であり協力の撤回も随時可能であることをお伝えしています。この段階で行っている倫理的配慮は2つの点で重要な意味があると考えています。

第1に、現場が抱えている課題と研究課題が合致する学校にエントリーすることで、先生方自身の課題が議論されたり調整されたりすることそのものの検討が可能になっています。このことが過度な負担を現場にかけることや協力者の日常への影響を抑え、日常を守る、ということに繋がっていると考えています。

第2に、具体的な課題をお伝えして協力校を募りフィールドに入ることで、先生方と共に事例を振り返り、事例をめぐる様々な捉えを共有することができ、このことが研究課題の探究の支えとなっています。

2．調査中：メンバーチェッキング
―対話の契機とし信頼関係を築く

第2段階目である調査中における研究倫理としては以下の3点を行っています。
①データ収集時の許諾
②分析開始の許諾
③メンバーチェッキングを介した対話
この段階で重視していることは、インタビューや会議の音声記録など、その都度データ収集時に許諾を取ってデータ収集し（①）、逐語録やフィールドノーツの抜粋を速やかにお示しし、分析の許諾を得る（②）という点です。一連の手続きを踏みながら現場の先生方と事例を介して対話を継続することは、普段同僚としてありながら調査者でもある「小田先生」が一体何を見ているのか、を先生方が知る機会となり、研究への不安低減や信頼関係に繋がると感じています。また、対話の過程で、当時の発言の意図やその後のエピソードが補足されることもあり

ます。やり取りを介して信頼関係を築く、ということに加え、個々の先生方にとっての物事の意味やその背後にある理念などをやり取りを通して蓄積し、現場の先生方のリアルにより近づく、重要な手続きであると考えています。

3．調査後：フィールド外での論文執筆 —語りや実践を文脈に埋め込む

第3段階目である執筆段階では、現場文脈を知らない方に的確に先生方の声や日常をお伝えするべく、研究仲間から大きく以下の2点の助言を得て修正を重ねています。
①方法の適切さ、解釈の妥当性について
②語りや実践の描出の了解性について

研究者仲間から頂いたコメントを踏まえ事例の補足や枠組みの再検討を繰り返し、記述や解釈が現場の先生方のリアルから離れないよう、「先生方の語りや実践を文脈に埋め込む」ということを意識しています。

こうした研究倫理は、協力者の日常をお守りするものであるのと同時に、先生方と共に知を見出そうとする私の研究において、研究そのものを守り、高めてくれる重要なものであります。ただ、こうした配慮をもってしても意図せず生じている現場への侵襲性の問題など、私が配慮すべき点はまだたくさんあります。調査者としてありながら、同僚としても生活を共にする研究における倫理について、引き続きこうした場で学ばせていただきたく存じます。

とくに配慮が必要な事例に着目した 研究活動（調査・執筆）の成果と課題

伊勢本大（松山大学）

1．はじめに

「研究の計画や調査開始から論文執筆・掲載までの各場面で、どのような研究倫理上の問題に気をつけたらよいか」。今回依頼をいただいたこの問いに対して、わたし自身がこれまでの研究にどのように取り組み、論文を書いてきた

のか、といった詳細を示すことでお答えしようと考えました。具体的には、眞嶋ら（2015）が「ミクロの研究倫理」として整理するなかで挙げた「研究協力者の権利保護」、「利害衝突」に焦点を絞り、とくに配慮が必要な事例であった伊勢本（2023）では書ききれなかったこと、またいまの時点から振り返ることでみえてきたことなどを共有させてもらいました。

2．〈語り〉は引き出すのではなく、共に つくりあげる？

本題に入る前にまず、わたしの行っている研究の認識論について共有する必要がありました。そこでHolstein & Gubrium（訳書、2004）らを参考に、インタビューという形式のなかで、調査協力者と展開される相互作用 がダイナミックな意味構築の場になっている、という考え方を確認しました。

3．教師の〈語り〉を扱う上での難しさ

インタビューという調査のなかで構成される〈語り〉とは、調査者（研究者）とその協力者（教師）の共同によるものである。そういった視点を意識することで、教師の〈語り〉を扱う難しさがより顕著に浮かび上がることになります。たとえば、調査協力者の目の前に広がる現実を正確に「理解」したい（もっというと、「何とかして論文にしたい」）という研究者側の思惑やエゴが、返って協力者を追い詰めたり、あるいは傷つけることに繋がる恐れもあります。伊勢本（2023）での相互作用を見ると、いまのわたしなら意識して避けるような質問の仕方があるのも事実です。実際のインタビュー場面における相互作用の詳細を検討することは、そこでの内容理解だけにとどまらず、研究者による調査協力者とのかかわり方を省みる上でも示唆的です。

そもそも、わたしが行っているようなライフヒストリーに関するインタビュー調査とは、人間の「非合理、不条理のかたまりである生そのものを、何とか御していこうとする」（倉石、

2017：106)、研究という端から限界（人間の生（ライフ））そのものの直接的な把握はできない、という諦観）を抱えた試みに少しでも抗うための努力です。ゆえに、たかだか数時間話を聞かせてもらっただけで、調査協力者のことを「わかった」気にならない、「わかった」風に書かない、ということを自覚する必要があります。調査協力者もさまざまな状況や思惑から相互作用（やりとり）しており、またそこには調査者が（無）意識的に持ちこむ立場や権威性も無関係ではありません。このように語られた内容をその文脈に沿って丁寧に読み解いていくことは、翻って調査協力者を最大限尊重することでもあります。

4．おわりに

調査協力者の存在があってはじめて成り立つ研究では、その倫理として、あらゆる状況に対応する明確な原則や判断というものは残念ながらありません。そうした意味で、研究倫理に終わりはありません。ただしこのことは、研究を妨げるということを意味するものではなく、むしろわたしたちの頭のなかでつい完結させてしまいがちな教師という職業に対する「理解」を見直す契機にもなり得るのです。そしてそのようにして研究倫理を捉えるならば、「教師（教育）の研究」として、わたしたちにできることはまだまだあるはずです。

参考・引用文献

Holstein, J. A. & Gubrium, J. F. (1995) The Active Interview, Sage Publications（＝2004、山田富秋ほか訳『アクティブ・インタビュー』せりか書房）.

伊勢本大（2023）「中学教師の休職過程」『教育学研究』90（3）：461-472。

倉石一郎（2017）「蟷螂の斧をふりかざす」『現代思想』45（6）：100-111。

眞嶋俊造・奥田太郎・河野哲也（2015）『人文・社会科学のための研究倫理ガイドブック』慶應義塾大学出版会。

小田郁予氏の話題提供をめぐる議論
研究倫理委員会 菊地原守（名古屋大学大学院） 半澤礼之（北海道教育大学）

ブレイクアウトルームでは小田氏の報告に基づいて質疑応答がなされた。限られた紙幅でその実りある議論の全てを記述することはできないが、研究倫理と特に関わると思われるものを中心に、調査前（第1段階）、調査中（第2段階）、調査後（第3段階）の別でその内容を整理していく。

調査前にかかわって、保護者や子どもへの倫理的な配慮への質問があがった。この点について小田氏は、事例となる子どもの保護者には研究同意を得る手続きを踏んでいるという。また、調査協力校の学校便りや地域の回覧板を通じて小田氏が紹介されていることも述べ、広く研究協力が得られる体制を構築している点を説明した。

調査中に関しては、学校現場への侵襲性にかかわる質問が出た。例えば、研究者としてケース会議に参加することで議論が変わりうるか、研究報告を通じて調査協力者の語りが他の協力者に伝わってしまうことにどう配慮しているか、などである。前者について小田氏は、ケース会議では一言も発しないことを徹底しているものの、ただいるだけで発言内容が変わっている可能性は否定できないことを指摘し、自分がいたから生まれた／生まれなかった語りを意識していることを強調した。後者では、事前にインフォーマルな会話の中で小出しにして共有し、同僚間での軋轢をうまないよう配慮している点を述べた。ただし同時に、意識していてもなおうまくいかないところや不安な部分がある点も小田氏は付言している。

調査後については、分析や公表に関して質問がなされた。具体的には、小田氏の現職経験が逆に研究上で不利益につながることはあるのか、調査協力者へのフィードバックが評価につ

研究倫理の広場　**89**

ながる恐れがあるのか、といったものである。前者では、フィールドに長く入ることで客観的に捉えられなくなることや感情移入してしまい見えなくなるものがありうることを指摘し、自分が調査者であることを常に意識する必要性を述べた。後者では、調査者として用いる言葉や接し方が「XX大学の小田さん」として権威的に捉えられる可能性に言及し、フィールドでの発言や振る舞いの段階から注意を払っている点を説明した。

　上述のような丁寧な応答をもとに参加者は、小田氏が調査前・中・後にわたって多様な倫理的側面を配慮しつつ研究を行っている様相を窺い知ることができた。同時にフィールドワークにおける研究倫理の内実とその複雑さを考える契機として有意義な場となった。

伊勢本大氏の話題提供をめぐる議論

研究倫理委員会
村井大介（静岡大学）
瀧本知加（京都府立大学）

　ブレイクアウトルームでは、伊勢本氏の発表をもとに、教師の語りを扱う研究で必要となる研究倫理上の配慮について議論がなされた。小田氏のブレイクアウトルームと同様に、調査前、調査中、調査後の段階に分けて議論を整理する。

　調査前については、倫理審査を行う意義について質問がなされた。伊勢本氏は、研究協力者の保護だけでなく、研究者自身が守られる面でも倫理審査を行う意義があると述べていた。調査協力への同意を得る際は、協力者に対して、調査の概要は説明するが、分析の詳細までは説明せず、公表する際に内容の確認を依頼するとのことであった。これに対する議論では、教職大学院での倫理審査での取り組みや課題など、参加者の問題意識に基づき様々な意見交換が行われた。

　調査時について、伊勢本氏は、教師の「しんどさ」を聴き取っているため、研究協力者に対

してケアの方法をもつことや、語ることが負担にならない研究協力者を選定することを意識していた。参加者との議論では、語りを聴くことそのものが対人支援になる可能性があるため、侵襲性が認められるのではないか、その場合、「バイスティックの7原則」など、対人援助原則について調査者が理解することも重要になるのではないかという意見が出された。

　調査後については、語り手と聴き手の解釈の齟齬を如何に捉えるのかという問題が議論された。伊勢本氏は、語りとしての事実と解釈とを分けて記述する立場をとっているが、語り手の文脈と調査者の文脈とで、強調したい事柄にずれが生じることがあると述べた。参加者との議論では、現場での教育経験のない研究者だからこそ分かることもあり、研究者と教師とで問題意識に違いがみられるところに、現在の教師を取り巻く社会的空間の特徴があらわれており、互いの文脈を明記し了解できる関係を築くことが重要になるという意見がだされた。

　伊勢本氏の研究は、教師の語りから現在の教師に関する議論や教師像を捉え直しており、語りを理解する上で相互作用（やりとり）の文脈をみることを大切にしていた。伊勢本氏の話から教師の語りを扱う研究について理解を深めることができた。ブレイクアウトルームの議論では、伊勢本氏の話題提供を受けて、教職大学院での研究倫理の課題や、インタビュー時の対人援助的な視点の重要性、侵襲性の問題、研究者と教師の文脈の相互理解の必要性など、今後の教師教育研究で重要になる倫理的な問題が提起された。

質的研究はいつでも共同研究と言え、難しいからこそ共同研究を

研究倫理委員会
金馬国晴（横浜国立大学）

　この会で議論のコアとなったのは方法であったが、disciplineという語を思い出した。学問における分野や領域ということだが、ときに規律・訓練を意味する（フランス語にすると、

M・フーコーの用語になる）。今回、質的研究は人文・社会科学という分野に特有な方法だが、量的研究以上に訓練が必要なんだな、という実感を持った。対象が物でなく人であるだけに、最重要なのは、協力者と信頼関係（ラポール）を結ぶことだ。この関係づくりが楽しいながらも苦しさが伴い、いわば修行になるということも、この会で感じた。

[だからこそ共同研究がいるのではないか]

学生・院生が、質的研究をやり切るまでには、訓練というか修行がいる。卒論や修論にするなら指導を自ら求めたくなるが、その過程も成果も、指導教員との共同研究と言えそうだ。研究者になった後にも、論文は単著のようでいて、現場教員と研究者との共同研究と言えよう。方法にアクション・リサーチを採用する人には、当然なわけだが。

さらに研究者どうしの共同研究もあるが、今回提案したくなったのがこれだ。質的研究は困難で、訓練がいるというならば、共同でやり切ることが望ましい気がしてきた。

[質的研究の困難さは、さらにある]

医学では、侵襲性ということで「患者にとって痛みや苦痛などの負担を伴う医療行為（手術や薬の投与、検査など）全般」（『日本大百科全書』）が問題とされるが、それに近い問題が教育学の現場に対してもあろう。新薬の治験は効くかわからないし、副作用など悪影響があるかもしれない。医学、薬学の進歩のためにと言われるが、多くの協力者にとっての動機は、対価として支給されるお金だろう。それが「負担軽減費」と呼ばれている。あるコロナ薬の例では10回の検査がいり、その度ごとの両鼻のＰＣＲ検査の身体的負担と交通費などの経済的負担（自宅待機中は特別なタクシーが迎えに来るなどで十分に元がとれる）、またプラセボ（偽薬）かもしれないという心理的な負担に対する補償なのだろう。

教育研究ではどうだろう。インタビューやフィールドワーク受け入れの対価で謝礼を渡すことがあっても、逆にお金や物で受け入れさせる研究者はいないだろう。できれば、研究の趣旨に十分納得いただきたいし、誰もが互恵的に、ウィンウィンで進めていきたいと願う。こうした信頼関係（ラポール）づくりはとても難しいが、それだけにすでに成功した研究者から学ぶという意味で、共同研究が必要なのだ。今回の二つの報告と論議が、その共同の機会を提供することができたなら、企画者としてよかったと思う。

情報提供
研究倫理を学ぶ人のために

研究倫理委員会

一般的な研究倫理については以下のeラーニング・サイトや資料によって学ぶことができます。いずれも、大学等の研究機関が、所属スタッフに選択的に学習することを義務づけているものです。

〈研究倫理に関するeラーニング・サイト〉
◇一般財団法人公正研究推進協会（APRIN）提供　研究倫理教育eラーニング
APRIN eラーニングプログラム（eAPRIN）【APRIN e-learning program（eAPRIN）】
https://edu.aprin.or.jp/

◇独立行政法人 日本学術振興会
研究倫理eラーニングコース（e-Learning Course on Research Ethics）[eL CoRE]
https://elcore.jsps.go.jp/top.aspx

◇国立研究開発法人 科学技術振興機構
THE LAB 研究公正ポータル
http://lab.jst.go.jp/index.html

〈研究倫理に関する参考資料〉
◇「科学者の行動規範」日本学術会議
https://www.scj.go.jp/ja/scj/kihan/

◇「科研費ハンドブック（研究者用）」日本学術振興会
https://www.jsps.go.jp/j-grantsinaid/15_hand/index.html

◇「科学の健全な発展のために―誠実な科学者の心得―」日本学術振興会
https://www.jsps.go.jp/j-kousei/data/rinri.pdf

◇「研究に関する指針について」厚生労働省
https://www.mhlw.go.jp/stf/seisakunitsuite/bunya/hokabunya/kenkyujigyou/i-kenkyu/index.html

◇「研究機関における公的研究費の管理・監査のガイドライン」厚生労働省
https://www.mhlw.go.jp/stf/seisakunitsuite/bunya/hokabunya/kenkyujigyou/kanrikansa/index.html

◇「研究活動における不正行為への対応等に関するガイドライン」文部科学省
https://www.mext.go.jp/a_menu/jinzai/fusei/index.htm

日本教師教育学会年報
第33号

5

〈書評・文献紹介〉

〈書評〉

姫野完治 著

『教師の学びとライフヒストリー
——若き８人の学びの軌跡』

川村　光（関西国際大学）

本書は、教職経験のある若者８名の10年間の
ライフヒストリーを描くことを通して、教師の
学びと成長について検討したものである。著者
は著書『学び続ける教師の養成—成長観の変容
とライフヒストリー』（大阪大学出版会、2013
年）において、1988年度に生まれ2007年度に秋
田大学教育文化学部に入学した、教職を目指す
学生の４年間のライフヒストリーを記述してい
る。本書は、そこに登場した学生８名の、東日
本大震災直後である2011年度以降に教師として
歩んだ軌跡が10年間に渡って描かれたものであ
り、前書の続編として位置づけられる。

著者は年１回の半構造化インタビューを彼ら
に行い、10年分の語りを物語として再構成して
いる。本書の構成と概要は以下の通りである。

第１章　教師の学びとライフヒストリー
第２章　子育てを教師としての力に代えて
　　　　—森下あかねのライフヒストリー—
第３章　教師と音楽　２つの道を生き続ける
　　　　—高木祐幸のライフヒストリー—
第４章　授業にこだわりを持って
　　　　—野沢麻衣のライフヒストリー—
第５章　同僚とのかかわりに悩み続けて
　　　　—渡部和貴のライフヒストリー—
第６章　子どもの主体性に寄り添って
　　　　—遠藤崇のライフヒストリー—
第７章　教壇に立つことの不安と向き合って
　　　　—藤井若菜のライフヒストリー—
第８章　消しゴムハンコでハートをつかんで
　　　　—佐々木優輔のライフヒストリー—
第９章　高学年担当の仲間と卒業生を送り出し

て—中川真紀のライフヒストリー—
第10章　あらためて教師の学びと力を考える

第１章では、初めに教師の学びと力を検討す
るにあたって、教師の専門性をめぐる議論の変
遷を確認したうえで、教師の学びを捉える視点
として、スタンダードの構築と加算的学習モデ
ル、経験の蓄積と省察、コミュニティへの参画
の説明がなされている。続いて、教師の生涯発
達を考察するためのコミュニティの観点の重要
性と、本研究調査の概要が述べられている。

第２章は、2011年４月から小学校で正規採用
された女性教師のライフヒストリーである。彼
女は３校に勤務し、４年目に結婚、６年目以降
に３人の子どもを出産しており、教職経験は５
年強である。彼女の物語は、彼氏からプロポー
ズを受けたこと、夫婦二人で家事を分担しつつ
生活を送ったこと、妊娠、出産、子育てと育児
不安、夫のワークライフバランスについての悩
みといった個人時間と、教育実践や教職を継続
することに関して助言した同僚、担当学級の子
どもたちとの出会い、同期との交流、産休後の
復職への不安、教師として親の視点の保持、自
主的なサークル活動への参加といった社会時間
が折り重なるかたちで描き出されている。

第３章は、大学で１年間留年し、2012年４月
より臨時講師として小学校２校に勤務し、2021
年度より正規教員として教壇に立つ、音楽が大
変好きな男性教師のライフヒストリーである。
１校目では、子どもたちが彼の理想とする子ど
も像に近づかないもどかしさや、同僚への不満
と感謝とともに、気持ちのどこかで正規教員に

94　日本教師教育学会［年報第33号］

なることを回避していたこと、2校目では、趣味の音楽を学校現場でいかせることへの気づきが述べられている。また、彼は、年下の正規教員の増加や中古マンション購入によるローン返済といった公私生活の変化があるものの、正規教員ではないことに対する危機感を覚えない。その後、音楽専科の教師になり、様々な音楽に関わるサポートをするなかで教職に就く決意をし、教員採用試験を受験し続けた。

第4章は、2011年度は臨時講師、2012年度からは正規教員として2校の小学校に勤務し、大学卒業後7年目に結婚、10年目に出産、現在は育児休暇中という女性教師のライフヒストリーである。臨時講師時期は、交流学級の教師の実践からの学びが記載されている。正規教員になってからは、良好な関係の学年主任や関係構築困難な学年主任との協働、授業と学級経営について悩んだ経験、同僚に見守られている幸福感、4年生から6年生まで連続で担当した子どもの成長の実感、卒業生を初めて送り出し感謝の念を抱いたこと、夫の支え、学年の持ち上がりを希望しなかったことへの申し訳なさと自分の力不足、初の学年主任担当によるプレッシャー、コロナ禍での出産の不安、自分の子どもを預けたいと思える教師として教壇に戻ることの決意が語られている。

第5章は、2011年度から2年間大学院で学修した後、2015年度から2018年度まで人間関係に悩みつつ臨時講師などを経験するものの、教育界に見切りをつけた男性のライフヒストリーである。大学院時代は体育教育の学修経験、それ以降は小学校非常勤講師の自身の立ち位置についての苦悩、体調不良、同僚の助言を得られない困難さが記載されている。2015年度以降は公務員になったこと、上司の厳しい指導による精神的疲弊、休職し退職に至ったこと、引きこもり経験、小学校臨時講師として子どもや学年主任と良好な関係を作れないこと、講師契約更新面接不合格によるやりきれなさ、適応障害になり教職に就かない選択をしたこと、2019年度から派遣会社に就職し、同僚関係の悪化による精

神的ダメージ、コロナ禍の影響はあるものの日々充実していることが記述されている。

第6章は、2011年度から小学校教師になり、サッカー部の指導に携わりたいという思いから、2016年度から中学校へ移動した男性教師のライフヒストリーである。学級経営の重要性を身に染みて経験した1年目のこと、授業研究の勉強会への参加、沢山の役割を担い多忙になり疲弊したものの教頭の支援があったこと、子どもの自律性を高めることに苦慮したこと、高校受験に対する意識の低い保護者たちとの出会い、初めての進路指導主事として教師間の調整を行うことの難しさ、初めて中学校1年生を受け持つことの不安、コロナ禍での私的時間の充実と教育環境の制約による授業のやりにくさなどが語られている。

第7章は、2011年度から2年間大学院で学修し、2013年度から小学校教師になるものの他の地域の教員採用試験を受け、2015年度よりその地域の小学校に勤務している女性教師のライフヒストリーである。大学院時代については、小学校ボランティア活動や、教育哲学に関わる研究のことが記述されている。2013年度に東北地方の小学校教師になり、担当学級に対する不安、限られた時間の中での授業準備の困難さ、相談できる同僚の不在による苦悩、学校の雰囲気への不適応、恋人との将来を考え中部地方の教員採用試験を受験したこと、2015年度以降はその地方の小学校教師として勤務し、同僚や子どもとの良好な関係構築、新たな校長のもとでの教師集団の雰囲気の悪化、コロナ禍の心境と特別支援学級での実践について述べられている。

第8章は、2011年度以降、小学校で特別支援教育支援員や臨時講師などをし、2018年度から正規教員として特別支援学校で勤務する男性教師のライフヒストリーである。2011年度初頭の無職時の家族生活、支援員の魅力とその立場のもどかしさ、年度途中に支援員から臨時講師に立場が変更になったことによるプレッシャー、消しゴムハンコ作りが得意なことが学校現場で

いかせたこと、付き合っている彼女との結婚を考え正規教員になりたいという思い、常勤講師として同僚の援助を受けて教育実践ができたこと、彼女の地元への移住について記述されている。その後は、院内学級での常勤講師としての経験、2018年度からは正規教員として勤務している特別支援学校での授業経験、仕事に対するコロナ禍の影響などについて語られている。

第9章は、2011年度に小学校で臨時講師をし、2012年度以降は正規教員として小学校に勤務している女性教師のライフヒストリーである。2011年度は授業準備の模索、2012年度以降は初任者研修での同期との交流、1年間の子どもの変化、前年度受け持った3年生と現在担任している6年生の差異、趣味としてのスキューバダイビングとの出会い、特別活動主任として学校全体を動かす経験、子ども理解や学級経営の困難、転勤先の小学校の教師文化への不満と子どもに対する戸惑い、同僚との交際を秘密にしつつの勤務、多忙な中で子どもと過ごす日常でのやりがい、コロナ禍による学校行事や授業の対応と子ども不在の学校での時間、出産前における出産後の仕事のことが語られている。

第10章では、先述の8名のライフヒストリーをもとに考察がなされている。まず、教師の学びと成長に関わる重要事項として、①初任期の環境整備、②教師が変化する環境に応じて微修正を行うこと、③教師が教科の専門性以外の自身の強みを自覚的に持ち、教師集団によってそれを価値づけること、④教師と子どもの学びを支える基盤として、管理職が教師を適材適所に配置することと、学校や学習の組織デザインの知見を有していること、⑤教師を続けていく上で既存の職業規範や教師文化に適応することがあげられている。次に、教師の学びを支える鍵として、教師自身が共創（協働で創造していく活動）に他の教師を誘い、他の教師から誘われるというマインドセットを保持することと、教師が過去の実践を振り返るとともに、それを礎として未来を創造する教師エージェンシーを習得することが指摘されている。

本書で描かれている若者8名のライフヒストリーからは、私的・社会的生活における他者との交流や、自身の役割と取り巻く環境の変化のなかで、教職経験者が学んでいっている姿が浮かび上がってくる。このような彼らの姿から、教師は一職業人として単に生きているのではなく、個人時間、社会時間、歴史時間の束のなかで生きている存在であることがわかる。若手教師は、初任者研修などで出会う同期の教師、先輩教師など職場の同僚、管理職、受け持つ子どもとの関係性のなかで困難に直面することがありつつも成長していく、社会時間を生きる存在である。しかし、それだけではない。恋愛、結婚、出産、個人的趣味を持つこと、家族生活を営むことなど、私的経験が彼らの教師としての歩みに影響を与えていることも見て取れる。さらに、彼らは2007年度に秋田大学に入学し、東日本大震災が起きた2011年に彼らのうちの多くの者は大学を卒業し、就職したり進学したりし、その後は若手教師としてコロナ禍のもとで仕事をしているというように、一つの世代として歴史時間を共有している。これら三つの時間の束のなかで、若手教師は不安、苦悩、喜び、やりがいを感じつつ、紆余曲折のなか学び、成長していける存在として捉えられる。

本書は、教職を目指す学生にとっては、教職の魅力と難しさを理解するとともに将来の自分をイメージすること、若手教師にとっては今の自分と重ね合わせて自身の今後の人生を考えること、ベテラン教師にとっては自身の振り返りと後輩教師のサポートをすることに関わって示唆を与えてくれる。さらに、教師研究に関心がある者たちにとっては、若者のライフヒストリーを通して既存の教師の発達モデルと教師教育の在り方を批判的に再考することができる。また、読者は本書と前書を比較しセットで読むことで、教員養成時代から若手時期に至る連続性をもった期間の若者の学びと成長を考察することができるだろう。

（一莖書房、2023年8月発行、A5判、314頁、本体2,500円＋税）

〈書評〉

前田麦穂 著

『戦後日本の教員採用
──試験はなぜ始まり普及したのか』

岩田　康之（東京学芸大学）

本書の概要

　本書は、著者が2019年9月に東京大学大学院教育学研究科より博士学位を授与された学位論文に、加筆修正を行って単著として刊行したものである。昨今の日本では教員採用の倍率の低下や、これに関連しての教員入職者の量的確保の困難、さらには入職のハードルを下げることによる質的な低下への懸念などが深刻な課題として多くの人に認識されつつあり、こうした時期に、日本の教員採用に関わる「そもそも論」を構造的に問い直した本書が刊行されたことの意義は大きい。

　教員採用に関しては、序章に整理されているように（1）「選考」の法規定・（2）「選考」の運用実態・（3）選考試験の形成・（4）選考試験の普及、等さまざまな角度からの先行研究の蓄積がある。著者に依ればそれらは基本的に「教育委員会法＝地教行法の断絶説」に立脚しており、そうした通説を乗り越えるべく日本の教員採用が「なぜ『選考』の法規定のもとで選考試験による量的統制が行われるようになったのか」（19頁）という課題に、6都県の教員採用における選考の導入経緯のケーススタディ（本書第2章～第7章）から解明を試みている。

　本書の章構成は以下のとおりである。

序　章　問題設定：「教員採用試験」のはじまりを描く
第1章　試験はいらない？：法解釈の変遷
第2章　推薦から試験へ：東京都
第3章　大都市から地方へ：文部省の「行政指導」と富山県
第4章　地方における普及：鹿児島県
第5章　大都市と郡部の県内格差：兵庫県
第6章　試験なき教員採用の模索：島根県
第7章　有資格者不足という問題：青森県
終　章　結論：教員採用試験の形成と「動的相互依存モデル」

著者の「こだわり」

　序章における課題設定、続く第1章での法的規定の変遷に関わるレビュー、そして終章の「動的相互依存モデル」としてのまとめに至る本書であるが、その核は「教育委員会法＝地教行法の断絶説」（15頁）という通説の実態的な問い直しにあると読み取れる。この通説とは、教育委員会法のもとで教員の選考権・任命権が市町村レベルにあったものが、1956年の地方教育行政の組織及び運営に関する法律（地教行法）によってこの選考権・任命権が県レベルに移行したことが教員採用試験の転換をもたらした、と説明されている（16頁ほか）。これに対して著者は、地教行法成立以前から選考試験を実施していた「先行自治体」として東京都（第2章）と富山県（第3章）、地教行法制定後に選考試験を導入した「後続自治体」の中でも比較的早期のものとして鹿児島県（第4章）と兵庫県（第5章）、比較的遅い導入となったものとして島根県（第6章）と青森県（第7章）の計6都県を事例として取り上げ、これらの実態に照らして通説の妥当性を検証している。

　やや乱暴に著者の「こだわり」を要約するなら、当然のことながら「先行自治体」において

書評・文献紹介　97

は地教行法の制定・施行は選考試験導入の契機ではあり得ず（第2章・第3章）、「後続自治体」（第4章〜第7章）においても、選考試験が部分的に導入されるなどの「前史」や、文部省による行政指導や、県内の地域格差や、旧師範学校から転換した教員養成系学部の卒業者の扱い等々、地域ごとに状況は錯綜しており、「教育委員会法＝地教行法の断絶説」で単純に割り切れるものではない、ということになろう。

こうした事例を踏まえて著者は、教員採用選考試験の導入過程には動的相互モデルの部分的な適用可能性を持つとまとめている（168頁）。つまり、各地域の教員需給状況という内生条件に加え、他地域の動向を観察しながら施策を導入していく相互参照の実態はあるものの、横並び競争が生じていたとまでは言い難い、というものである。本書では各都県の教育委員会等が発出した文書や議事録等、さらにはそれぞれの地方紙の記事などの豊富な史料に基づいて各都県での教員採用選考試験の導入プロセスを丹念にかつ粘り強く検証しており、説得力は強い。

本書から改めてわかること

戦後初期から1960年前後に至る教員採用選考試験の導入過程を扱った本書を通読して得られる知見は多いが、評者が痛感したのは、この時期はいろいろな意味で師範学校の時代を引きずっていた、ということである。

たとえば第2章で述べられている女性教員の採用差別と、それを特段に問題視しない文部省の対応（49頁）は、今日的なジェンダー・イクオリティにおける適切さを欠くことは明らかだが、戦前の女性教員の置かれていた状況[1]に照らせばさもありなんと読めてしまう。

あるいは、第4章で鹿児島県の選考試験導入の「前史」として描かれている助教諭の採用試験（83頁）についても、師範学校卒の本科正教員をトップとする有資格者だけでは県内の教員需要を満たせずに無資格者を代用教員としてリクルートしていた戦前期の実態の延長線上に捉えられる。助教諭の募集は高卒者を対象として

おり、学科試問によって基礎学力を担保することには合理性がある。当然そこでは師範学校卒業者→教員養成系学部卒業者は優越的な存在であり、それは各章に記されているような、県内の教員養成系学部卒業者を別枠で優先的に採用するという施策につながる。そして卒業生の意識からは、へき地への赴任拒否（鹿児島県・80-81頁）などが導かれるのである。

総じてみれば、本書で扱われた時期には、旧の師範学校と府県との対応関係が崩れ、「開放制」が定着していく過程における混乱が基調にあったと読み取れる。著者の言を借りれば「選考試験の導入につながる条件としては、教員供給における量的変化（教員志願者の増加）とともに質的変化（学校歴の多様化）も重要な要因」（164頁）なのである。戦後初期においては「教員志願者の大部分が県内の教員養成学部という単一の養成機関を卒業している」（同前）という実態があり、これは旧師範学校の卒業生が自動的に府県内の教員となっていた実態を引き継いだものと捉えられる。要するに「在学時成績の評価基準が志願者間で一定程度共通しているため、在学時成績が志願者間の相対的判定における能力指標として機能する」（同前）ため、重ねて選考試験を実施する必要性が少ないのである。

しかし他大学の卒業生がその県で教員を志望する際には他の方法が必要となり、そこに葛藤が生じることになる。この典型例は第6章の島根県に見られる。同県では1954年度末から高等学校教員の採用においてのみ試験が開始されるが、小中学校教員の採用において導入が見送られた背景には、「志願者に一律に試験を実施することで、県内の教員養成学部である島根大学教育学部との関係が悪化すること」への懸念があったとされている（123頁）。そのため小中学校教員の採用において「試験以外に志願者間の相対的判定を行う方法」を模索する動きが続くのである。同様に、「先行自治体」である富山県（第3章）でも、選考試験が導入された後にも富山大学教育学部卒業生への優先考慮方針が残存することになる（66-67頁）。

さらなる課題

評者の勤務校は、師範学校に淵源を持つ教員養成系大学である。本書評の結びに代えて、評者のここしばらくの仕事を踏まえて、さらなる論点や課題と思われることを挙げてみたい。

著者も述べているように、1960年代以降の教員採用の実態の解明は重要な課題である（170頁）が、著者の挙げる学生運動に関連した就職差別問題や人材確保法のみならず、教員入職者の動向に影響を与えたファクターとして1979年の共通一次試験導入の影響は看過できないと思われる。評者の勤務校は教員養成系の中では「全国区」的な認知をされている方であるが、それでも共通一次を機に東京出身者の比率は半数強から約3割に落ちている。東京に限らず、この頃から地元の高校出身者が地元の教員養成系学部に進んで地元の教員になるという還流作用が弱まり、教育委員会と教員養成系学部の一対一の対応関係が崩れていくことになった。これを教員養成系学部の側から見れば、卒業生がその位置する地元だけではなく、入職に際しての広汎な移動を想定した対応が要請される度合いが高まったのである。

このことも含め、旧師範学校→教員養成系大学・学部の側からも採用行政との関係を問い直してみることで、本書の課題はより重層的・構造的に浮かび上がってくると期待させる。

近年の教員不足を背景にしてか自治体の採用行政は多様化しつつあり、教育委員会が大学に採用候補者の推薦を依頼するケースが増えているが、大学人としては「大学での学びに優れた者」と「当該自治体の採用ポリシーに適う者」のどちらを優先させて推薦すべきか悩ましいところである。後者に徹すれば採用実績を挙げやすく、大学と教育委員会の関係も円滑になるであろうが、われわれの仕事は教育委員会の「下請け」的なものに堕してしまう。一般の選考とは別枠で大学に依頼するという趣旨からすれば前者、すなわち各大学がそれぞれの見識においてふさわしい人を推薦することにあるとも見られるが、そこでの大学の見識がどれほど尊重されるのかも疑問である。著者が本書冒頭「はじめに」で挙げている福岡市の事例は、教育実習の評価などを基に選考試験を経ない採用を行うものである[2]が、そこでは市教委が設定した統一の評価票が用いられており、大学の見識が反映される余地は事前に殺がれている。

こうしたことにかかわって、定着した「選考」の実際の運用と、そこを通過して入職する人のありようの解明も重要な課題になりうる。（他の主体ではなく）都道府県・政令指定都市の教育委員会が独占的に選考試験を担うことが定着する中で、どのような人が採用試験に臨み、採用されるのかという入職者層の解明は、難しいが取り組む価値のある課題であろう。

よく知られているように、2010年頃から「人物重視」の採用施策として、一次（筆記主体）と二次（面接等）の合算で採用候補者を決めるやり方から、一次を「足切り」的に用いた後は二次だけで決めるやり方に転換する自治体が増えた。評者の勤務校でも卒業生の校長経験者などに応援を仰いで面接指導を強化したわけだが、そのことの影響を直感的に述べるなら、「地頭はいいけど生意気」な若者が採用されにくくなった一方で「とりあえず上の言うことを素直に聞く」若者が採用されやすくなった、ということになる。この傾向が十数年続いてきたことが昨今の公教育や教師をめぐる諸課題の背景にあると評者は踏んでいるのだが、こうした直感を社会学的に解明する必要もあるだろう。さまざまに研究意欲を喚起させられた一冊であった。

（晃洋書房、2023年2月発行、A5判、190頁、本体3,800円＋税）

注

(1) たとえば壺井栄『二十四の瞳』には、40歳の女性教員を「老朽」と呼んで勧奨退職の対象にしている様子が描かれている（新潮文庫版、87-88頁・224頁ほか）。

(2) 「筆記と面接ない教員採用試験、福岡市が導入へ　国も容認」『朝日新聞』2021年4月18日。

〈書評〉

小野由美子 著

『南アフリカへの授業研究の移転に関する研究』

姫野　完治（北海道教育大学）

1．本書の概要と特徴

本書は、著者である小野由美子氏が星槎大学に提出し、2023年3月に博士（教育学）の学位が授与された博士論文『南アフリカへの授業研究の移転に関する研究』を一部加筆修正した上で刊行されたものである。

我が国の政府開発援助（ODA）による国際協力は、当初はアジア諸国への戦後賠償と経済協力としての資金協力が主であったが、近年は、技術協力、とりわけ教育分野の役割が極めて大きなものとなっている。本書では、JICAによる南アフリカへの教育支援を前期（1999～2006年）と後期（2012～2019年）に分け、それらの支援がどのような成果をもたらし、また課題を残したのかを実証的に研究している。著者自身が関わった長期にわたるプロジェクトを対象化し、それらの政策や具体的な方法による成果と、成果をもたらした要因を解明している点に特徴がある。

2．本書の構成と各章の概要

本書では、以下の3つの研究課題を設け、それを各章で検証している。

【研究課題1】授業研究を校内研修として位置づけ、継続させるには、授業研究に対する行政の意識変革と行政的な条件整備が不可欠であることを明らかにする（第2章で検証）。

【研究課題2】授業研究を通して授業実践力が向上することを定量的・定性的分析によって考察し、「省察力を高める」授業研究の構成要素を明らかにする（第3章で検証）。

【研究課題3】授業研究には授業研究支援者の存在は不可欠であり、その役割を担うのは南アフリカにおいては教科指導主事である。研修によって教科指導主事の「授業省察力」が高まることを実証的に明らかにする（第4章で検証）。

上記研究課題に対して、以下のような章立てにより取り組んでいる。

序　章　研究の背景と研究目的
第1章　MSSI授業研究移転の問題点と研究課題
第2章　MSSIと南アフリカの現職教員研修政策
第3章　授業研究にける省察の問題
第4章　教科指導主事の授業省察力育成
第5章　研究のまとめと今後の課題

まず各章について概観する。

序章では、日本の学校現場で行われてきた授業研究に端を発し、現在は世界中に伝搬したLesson Studyの特質や世界に伝搬するに至ったプロセスを概説している。その上で、日本による教育分野での技術教育プロジェクトが、技術教育や職業訓練から、基礎教育重視へと大きく舵を切るようになった背景や、日本が南アフリカで行った教育支援の概要を紹介するとともに、本研究の目的が示されている。

第1章では、JICAによる南アフリカ教育支援を対象化するための分析枠組みを明確化している。南アフリカで行われた教育支援は、1999～2006年の前期と2012～2019年の後期に分けられること、このうち前期がムプマランガ州中央教

科教員再訓練計画（以下、MSSI（Mpumalanga Secondary Science Initiative）と示す）と呼ばれ、さらにMSSIは第1フェーズ（1999〜2003）と第2フェーズ（2003〜2006）に分かれる。MSSIでは、1998年に設けられた南アフリカの新しいカリキュラム（C2005）を教室レベルで実践するための教材を開発し、それを使って校内研修をすることを通して、アフリカ人理数科教員の指導力を向上することを目指していた（p.20）。

しかしながら現実には、①アフリカ側の教育関係者が日本において校内研修等を観察し、その経験を自国に持ち帰って普及を図る「経験提供型移転モデル」が機能しなかった、②理数科指導主事（CI）に校内研修の推進を託したものの、指導権限がないため実践が継続されなかった、③カスケード方式（伝達講習）での研修では末端の学校まで伝達されなかった、④グループ活動としての授業研究が批判的な自己省察（critical self-reflection）を促し、授業改善にまでつながらなかった、という4つの問題点があった。これらの問題点をさらに分析すべく、著者は教育政策移転理論、イノベーション普及理論、現職教員研修による教師変容モデルをふまえ、研究の分析枠組みを設けている。

第2章では、MSSIが行った現職研修、とりわけ第1フェーズの実際と、そこでの課題を解明している。「MSSIで取り上げた教材が実際の授業で役立っている」や、「学校ベースの現職教員研修のイメージを高め、確実に基礎が築かれつつある」（p.48）といった肯定的な評価はあるものの、研修の質の面で課題を残すものであった。その一方で、日本の研究開発学校制度のように、実践重点校を導入する提案もなされたが、不公正観を生むことに難色が示され、第1フェーズでは実現しなかった。そこでの課題をふまえて、第2フェーズでは①校内研修の認知の促進、②カスケード型からパイロット校方式へ、③経験提供型（貸与）から目的を持った「借用」へ、といった方針が設けられた。

第3章では、MSSIの第2フェーズの一環として、2004年11月から12月にかけて実施された3回の授業研究（模擬授業2回と研究授業1回）を通して、生物教師Zがどのように授業を省察・改善していったのかを検証している。この研修は、南アフリカの現職教師を日本に招き、日本国内の高校で実際に授業や授業研究を行うものであった。全授業時間に占める活動の時間配分を分析したところ、回を重ねるごとにワークシートへの記入や相互作用にかける時間が増え、生徒の授業参加を促す工夫がなされたことが指摘されている。また、授業後の検討会で、どのように省察が深まり、授業改善につながっていったのかが質的に分析されている。加えて、南アフリカの生物教師であるZ氏が、授業検討会で他人からの批評を受け入れる際の感情や、そこでの痛みを授業改善の意欲へと転換できた要因について言及されている。その上で、授業省察力を高める授業研究の構成要素として、①授業研究は授業を計画し同僚に提示することから始まる、②授業計画は教材研究から出発する、③生徒を念頭に指導案をつくる、④授業目標に焦点化した授業検討会、⑤サイクルとしての授業研究、⑥授業研究には支援者が必要である、という6つを提示している。

第4章では、2012〜2019年の後期に行われた研修のうち、2017年に実施された教科指導主事を日本に招いて行われた約3週間の研修の成果と課題を解明している。南アフリカで盛んに強調される生徒中心、問題解決、批判的思考力を日本の教師はどのように具現化しようとしているかを体験してもらうため、鳴門教育大学附属小学校で授業を参観する機会などを設けた研修プログラムが策定された。Kirkpatrickの研修評価モデルのうち、レベル1（反応）とレベル2（学習）に焦点を当て、研修終了後にアンケート調査を行ったところ、総じて高い満足度を得たことが示されている。また、研修前後で授業省察力や省察内容がどのように変容しているのかをプレ・ポスト調査により比較検討し、授業観や省察力が深化していることを導き出している。

第5章では、本書が掲げた当初の3つの研究課題に対する結果とともに、授業研究導入・定

着のメカニズムを図示している。それは、校内研修制度に授業研究を位置付けるといった政策的なことに留まらず、授業研究サイクルを作り出したり、それをバックアップする行政的な役割などを包含したものとなっている。このような成果をふまえつつ、さらに授業省察力を高めるための継続的な研修の必要性や、教員養成から現職教育にわたって一貫して育成する仕組みの構築等の今後の課題を指摘している。

3. 本書の意義と今後の教育研究に向けて

日本国内の学校現場において古くから行われてきた校内授業研究が、Lesson Studyとして諸外国から注目されてから四半世紀を迎える。この間、世界授業研究学会（World Association of Lesson Studies: WALS）が設立され、本書が対象とする南アフリカだけではなく、世界各国でLesson Studyが実施されるに至った。

また、この流れに付随して、校内授業研究のみならず、日本で行われている様々な教育に注目が集まっている。文部科学省は、日本の教育を海外へ積極的に展開すべく、2016年以降に日本型教育の海外展開推進事業（Edu-Portニッポン）を推し進めている。とりわけ、協調性や課題を解決する力などを育むことを目的とした特別活動は、数多くの国へ輸出されている。日本での略称「特活」がそのまま「TOKKATSU」として使われるなど、日本式教育への注目は年々高まっている。

一方、教育の営みは、本書でも取り上げられたように、それぞれの国の文化と深く関わっており、政策的に導入したからと言って、必ずしも現場に根付くとは限らない。その意味で、日本式の授業研究を南アフリカへ持ち込み、直面した様々な課題をいかに乗り越えてきたのかをまとめ、モデル化した本書は、課題に直面している人々にとってバイブルとなるだろう。

そうした成果の一方で、本書を読んで残念に感じる点もある。それは本書の課題としても書かれているように、第3章において取り上げられた生物教師Zが、南アフリカへ戻ってから日本型の授業研究を実施できていないことや、第4章において日本で3週間の研修を受けた人々が、帰国後にどのように現職研修に取り組んだのかが見えない点である。第5章において研修の効果を評価する際も、Kirkpatrickの研修評価モデルのうち、研修転移を意味する行動レベルの評価は行われていない。2020年以降コロナ感染症が拡大し、外国との行き来が難しくなったことも影響しているのかもしれないが、後期に行った取り組みが、どのように南アフリカの教育改善に寄与したのかを、さらに詳しく知りたいところである。

いずれにせよ、様々な国が進めている特色ある教育活動を、自国の教育をよりよくしていくために相互に取り入れ、ブラッシュアップしていくことは、学びの公平性を高めていくうえで極めて重要である。ただ、異なる文化間での教育の移転は、ハレーションを引き起こす場合も少なくない。これは、日本から諸外国への移転のみならず、諸外国から日本への移転の場合も同様である。国際協力のみならず、学校教育や教師教育を改善していく上で、政策的な推進に終始することなく、いかにして教育現場に根付かせ、観や信念の改変につなげていくか、本書から学ぶことは多いと考える。

（学術研究出版、2023年12月発行、A5判、129頁、本体2,000円＋税）

〈文献紹介〉

日本教師教育学会 編
『「令和の日本型」教育と教師
——新たな教師の学びを考える』

森　久佳（京都女子大学）

本書は、教員免許制の廃止も含めた抜本的な教員研修の改革を企図した中央教育審議会「令和の日本型学校教育」を担う教師のあり方特別部会による「審議まとめ」（2021年11月15日）を受けて、日本教師教育学会が緊急に企画・実施した学習会及び一般公開シンポジウム（2022年1〜3月にかけて開催）の報告内容を収録したものである。以下、各章の概要を述べる。

まず序章（浜田博文会員）では、いわゆる「令和の日本型学校教育」論議の動向と日本教師教育学会の対応の過程が説明されている（学会が提出した「審議に対する要望書」は巻末資料として掲載）。そのうえで、中教審の議論で提示された「新たな教師の学びの姿」が、「自律性（autonomy）」ではなく、他律性に基づく教師像を基底としている問題性が指摘されている。

次に、第2章（浅井幸子会員）では、「審議まとめ」が抱える一方向的で個人主義的、そして教師の学びを管理・統制する特質が問題視されている。そして、子ども・教師・教師教育者が固有名の子どもとその学びを中心に据えるコミュニティモデルによる教師の学び（例えば複数性と共同体の特質に着目した同僚性を軸とする学校ベースの授業研究）の重要性が示されている。

続く第3章（安藤知子会員）では、「審議のまとめ」における職能発達の視点の欠落や、そこで強調されている「対話」の内実の不明瞭な点が指摘されている。また、そうした問題の背景にあるアカウンタビリティモデルに準拠した教師教育の標準化・スタンダード化のメインストリーム化及びそれによる教師の単純労働者化の加速化の状況に目を向けながら、「対話」自体を捉え直す必要性が説かれている。

第4章（久保富三夫会員）では、専門職である教師の学びにとって、研修（研究と修養）の自由を可能なかぎり広範な形で認めることの重要性が論じられている。そして、この点は「勤務時間内校外自主研修」（教特法第22条2項）の活性化の視点とも連関しているにもかかわらず、「審議まとめ」では、教師を主語とした「研修を行う」観点が欠けていると指摘されている。

第5章（梅澤収会員）では、「機関包括型のアプローチ」の有益性が論じられている。ここでは、ESDやSDGsの視座の下、現代及びこれからの学校改革や教師改革を創出する際に、学際的な見地を通した多様な関係者（ステークホルダー）との連携・協働を通して、複雑な関連構造や全体像を捉えることが提案されている。

最後の終章（岩田康之会員）では、以上の各報告（論稿）が総括され、免許制度の弾力化と教師の担い手の多様化が、教師の学びに関する日本の教育改革動向の大きな方向性として抽出されている。そして、「教師の主体的な学び」というコンセプトそれ自体の検討やその具体化の手立てを専門学会として発信する重要性が唱えられ、論が締めくくられている。

こうした内容をコンパクトに収めている本書では、「審議まとめ」の単なる解説や批判に留まらず、日本の教師教育全般にわたる重要な視点や論点と積極的に切り結んだ知見が提示されている。教職や学校それ自体のあり方を根本的に考究するうえでも、是非、一読されたい。
（学文社、2023年9月発行、A5判、95頁、本体1,000円＋税）

〈文献紹介〉

山﨑準二・紅林伸幸 編著
『専門職として成長しつづける教師になるために
——教職詳説』

和井田　節子（NPO法人子ども支援地域プラットフォーム）

本書は「21世紀の日本社会を担う主権者を育てる教職という仕事について、その実際と課題をわかりやすく解説することを目的として」書かれた「教職をめざそうとしている人のため」のテキストである（「はじめに」）。15の章が14人の教育学者によって執筆され、「第1部　専門職としての教師になる」「第2部　教師に期待されていること」「第3部　理想の教師を実現する」に配置されている。各章には、そのテーマの解説、歴史的変遷や教育政策等の最新情報が盛り込まれている。

各章は、それぞれのテーマについて執筆者が3つの問いを立て、その問いの回答として解説する形式になっている。さらに章の最後には「本章を振り返る問い」も用意されている。そうして探究的な姿勢で読むことを読者にうながしている。

例えば、編者で教育社会学者の紅林伸幸は、執筆した「第14章　教師による教育研究」に、「1．研究能力は教師に必要な専門的能力か」「2．なぜ教師が教育研究をしなければならないのか」「3．教師に期待される研究能力はどんなものだろうか」という問いの見出しをつけて、教育研究が教育実践の質を高めることについて解説している。「本章を振り返る問い」では、全国学力・学習状況調査結果を用いたグラフが示され、「このデータから読み取れることを話し合ってみよう」とエビデンスに基づいた多面的な考察を促している。勘と経験だけを頼りにするのではなく、マスコミやSNSを鵜呑みにするのでもなく、科学的に考察できる専門性を備えた教師であってほしいという執筆者の願いが伝わる。

教職は、多様な人間の育ちに携わるので、複雑で奥深い。それを「わかりやすく解説」することは難しい。単純化すると誤った解釈を導いてしまう危険があるからだ。本書には、多様な視点から1つのテーマを検討する方法でこの困難を乗り越えようとする工夫が感じられる。

例えば、教育心理学者の羽野ゆつ子が執筆した「第6章　教える教師の課題」では、まず「学習は、教師と生徒が、多様な人とともに協働して創っていく過程」であるという最新の学習観を解説している。その上で「子どもも大人も未来の社会にふさわしい変化を作り出していく存在」という観点から、学習心理学・社会学・哲学・文化人類学・脳科学等の学習にかかわる多様な知見を紹介している。そして、自己変容や社会変容を生み出す可能性を持つ教師にエールを送っている。

このように、それぞれの章には奥行きがあり、多様な視点も最新情報も得られるため、本書は教職課程のテキストというだけでなく、現代日本の学校教育や教師について総合的に把握したい時にも活用できる。また、学校現場で苦労している教師たちにも本書を勧めたい。教師は苦労していても、今起こっていることの構造や意味がわかってくると、やるべきことが見えて元気になってくる。本書は、教師にとってそのようなヒントがみつかるかもしれない一冊にもなっている。

（人言洞、2023年12月発行、A5判、212頁、本体2,200円＋税）

〈文献紹介〉

中村映子 著
『包摂の学級経営
──若手教師は現場で主体的に育っていく』

八田　幸恵（大阪教育大学）

本書の中で著者は、自身が公立小学校で長年教員として勤務することで抱いた問題関心から、子どもの多様性を包摂する学級経営のあり方を研究するため、退職後、大学院に進学してアクションリサーチに着手したと述べる。

ただし本書の目的は、包摂の学級経営のあり方というよりも、包摂の学級経営を志向して学級経営を改善する過程で若手教師（教職経験4～10年目の教師）に訪れた、学級経営実践および意識の変容を明らかにすることに置かれている。

本書を読むと、この研究の目的自体が、アクションリサーチの過程で生成したものであることがわかる。強く抱いていただろう問題関心のみに固執することなく、目の前で起こっている出来事に関心を拡張していった著者の研究姿勢に尊敬の念を抱く。また、著者と同じくアクションリサーチの経験がある評者には、途中で調査者に学びが生じるアクションリサーチの過程は、とりわけ調査者本人から見ると混沌としているものであり、他者にわかるようストーリー化するのがいかに大変な仕事であったか想像できる。それにもかかわらず、本書が提示する調査のストーリーおよび調査を通して見えてきた2人の若手教師における実践と意識変容のストーリーは明快である。また先行研究も広範囲に渡って目配りされている。

さて、本書は3部から構成されている。第Ⅰ部では、研究の目的と課題や調査のデザインについて述べられている。「第Ⅱ部 アクションリサーチを通した学級経営改善過程―管理主義（教師主導）から包摂（子ども主体）へ」では、若手教師が学級経営に困難を抱えがちな条件を

備えたA校の5年生2クラスを対象としたアクションリサーチ（第1のアクションリサーチ）を通して、2人の担任教師による学級経営実践がいかに変容していったのかつぶさに描写されている。たとえば1組担任のナカニシ先生の学級経営は、「目立つ子」と自身との一対一関係を中心とした教師主導の学級経営から、「児童関係理解」という考え方を取り入れることで、「目立つ子」である子どもと他の子どもとの関係を理解して関係づくりを支援し、子どもを信頼して「任せる」ことで子ども主体の学級経営へと実践が変容していった。「第Ⅲ部『包摂の学級経営』実現のための実践を通した若手教師の意識変容過程」では、包摂の学級経営を志向し始めた2人の若手教師が、第1のアクションリサーチ終了後も主体的に学級経営改善を継続し、従来の学級経営観を脱ぎ捨てながら新たな方向を選択しつつ、主体的な決断と選択によって発達と力量形成を図っている姿が描かれている（第2のアクションリサーチ）。

折しも、教師の働き方改革の文脈で、小学校中学年についても教科担任制を推進すること、また新卒教師は学級担任ではなく教科担任とすること等が提案された。学校の当たり前を疑い制度改革を通して働き方改革を実質化することは大事ではあるが、そのことが、これまで当たり前になされてきた制度運営の中で実現してきた教師の職能発達をいかに変化させるのか。本書からそのようなことも合わせて考えたい。

（ジアース教育新社、2023年4月発行、A5判、336頁、本体2,600円＋税）

〈文献紹介〉

橘髙佳恵 著

『オープン・エデュケーションの本流
──ノースダコタ・グループとその周辺』

佐久間　亜紀（慶應義塾大学）

本書は、著者の博士学位請求論文「1960年代におけるアメリカの進歩主義教育─子ども中心主義の系譜の歴史的検討─」（東京大学、2018年）を元にしている。日本で生活しながら現地に通い、言語的にも文化的にも距離のある対象に迫る営みは、容易には為し得ず、著者の努力が行間に滲む。現在まで続くアメリカの進歩主義教育の系譜を活写した本書の刊行を、著者・読者と共に喜びたい。

主題は「1960年代から1990年代におけるアメリカ合衆国の進歩主義教育の歴史を描く」こととされ、三つの課題が設定されている。一つは、「進歩主義教育者の編み出した特有の実践と理論を明らかにすること」、二つめは「この時期における進歩主義教育者のネットワークを明らかにすること」、三つめは「進歩主義教育の展開をアメリカの政治的社会的文脈を踏まえて描くこと」である（p.176）。

本論は全五章から構成される。第一章では、進歩主義教育者のネットワークが概説され、1960年代以降の進歩主義教育は、イギリスの影響を受けて「オープン・エデュケーションとして再興された」（p.42）という見方が示される。またこの系譜は、佐藤学が『米国カリキュラム改造史研究』（1990）で示した「子ども中心主義の系譜」に位置づくと主張される。

第二章では、ニューヨーク市立大学シティ・カレッジのファカルティとなったリリアン・ウェーバー（1917-1994）、1968年以降同市ハーレムにおいて展開した「開いた廊下プログラム」等が明らかにされている。第三章では、ヴァーモント州ノースベニントンで活動したパトリシア・カリーニ（1932-2021）の実践と思想が検討される。カリーニは、1965年にプロスペクト・スクールを共同で設立し、現象学に基づいて子どもの姿を記述する探究をおこなったという。

第四章では、同時代の進歩主義教育者の中核的なネットワークであるノースダコタ評価研究グループの創設の経緯と変容の過程が、コーディネータのヴィト・ペロン（1933-2011）の活動と共に明らかにされている。第五章では、デボラ・マイヤー（1931-）がセントラル・パーク・イースト小学校とセントラル・パーク・イースト中等学校を設立した経緯が検討されている。以上四人の教育理念と活動の描写には、ジョセフ・フェザーストン（1940-）へのインタビューが根拠として随所に挿入されている。

結論として、以上の教育実践が「知性と革新性」を示していたと総括される。またこの時代の進歩主義教育は「マイノリティの人々」に「徐々に受け入れられ」ていったため、「進歩主義教育には人種差別が内包されているとしたリサ・デルピットの論への一つの反証」（p.183）になると考察されている。

本書の意義は、進歩主義教育の系譜が現在まで続くことを、日本の読者に提示した点にある。ただし、著者のいう「子ども中心主義」の定義は不明瞭であり、ダイアン・ラヴィッチのいう「進歩主義教育」の歴史叙述がどのように書き換えられるかについては、近年の進歩主義教育史の研究発展を踏まえ、さらに精緻な検討が求められるだろう。

（東信堂、2023年3月発行、A5判、230頁、本体3,600円＋税）

日本教師教育学会年報
第33号

6

〈第33回大会の記録〉

第33回大会　公開シンポジウムの記録

大会テーマ 学校教育の変革主体としての教師

2023年9月30日（土）と10月1日（日）の両日、第33回研究大会が東京大学本郷キャンパスを会場に開催された。大会テーマは「学校教育の変革主体としての教師」である。

国内外を問わず、教育改革の担い手としての教師の主体性や力量の形成と発揮が強く求められている。教師教育は、教師の「資質」や「能力」の育成をもって、その期待に応じることを使命の一つとしている。しかし、その「資質」や「能力」はしばしば教師個人の所有物であるとの前提に立っているのではないか。協働でさえ、個人が有する協働する「資質」や「能力」のように捉えられてはいないだろうか。このような「資質」「能力」の捉え方には、何か問題はないのだろうか。そうした個人還元主義的な前提の再考を通して、教師が「学校教育の変革主体」であることの意味をより深く掘り下げてみたい。これがテーマ設定の理由であった。

公開シンポジウムでは、現代を代表する教育哲学者であるガート・ビースタ（Gert Biesta）教授（メイヌース大学、エディンバラ大学）にオンラインによる基調講演を実施していただいた。ビースタ教授は、同僚研究者とともに、教師の「エージェンシー」を能力と文化と構造の相互作用として捉えるエコロジカル・アプローチを提唱（Priestley, Biesta, and Robinson, 2015）しており、本大会研究テーマの趣旨に相応しいと考えたからである。当日は、ビースタ教授の著書の邦訳者である仲田康一会員（法政大学）に指定討論者をお務めいただき、浜田博文会長（筑波大学）に総括コメントをいただいた。

基調講演のタイトルは、「測定の時代における教師エージェンシー：アーティストリー（art-istry）としての教えることの主張」である。ビースタ教授は、変革主体としての教師の重要性が強調される際、その内実は生徒の学力向上に向けて効果があるとされる方法の従順な実施を求められることであることに現代教育の根本的問題があると指摘する。それは、教師から活動のための「空間」を奪い、エージェンシーを抑制する。基調講演では、そのような状況をもたらした原因の探究とともに、本来の「空間」を取り戻すために何が必要なのかが論じられた。

まず、すべての子どもや若者が良い教育を受けられなくてはならないとする社会正義の理念が、教育成果の質の測定方法に関する議論へと矮小化され、やがて測定可能なものに偏って価値が置かれるようになったことが誤りとされた。これは、少数のカリキュラム領域における測定可能な達成が重んじられ、教育がサイバネテックな概念へと変換されることを意味している。それに伴い、教師の地位も、考え、判断し、活動する専門家から、狭く定義された成果の産出過程における一要因へと変容を迫られた。

そのような状況を変えるために、ビースタ教授は次の2つが必要であると論じた。
(1) 教育において何が重要であるか（what counts in education）についての広い視野を取り戻すこと。
(2) 教育とは何か（what counts as education）についてのより良い考えを取り戻すこと。

教育において何が重要であるかについての広い視野を取り戻すには、教育の目的に関する3つの領域、すなわち資格化、社会化、主体化のいずれにおいても、かつ、その3つ領域間の有意義な均衡の保持という点で教師は重要な仕事

を担っていることを認識する必要がある。「何が効果的か（what works）」についてのエビデンスは、教育において重要なものに関する一次元的理解であることに問題がある。

教育とは何かについては、教えることがアートであることの再確認（確立）が必要であるとビースタ教授は論じた。教えることが本来あるはずの「活動的生（bios praktikos）」という領域は、意図的な活動と可能な帰結とから成り、「何が効果的か」のような因果関係や予言可能性ではなく、可変性の領域である。ただし、可変性の領域におけるアートには二種類ある。一つは、制作（ポイエーシス）のアートであり、これは制作者の内面に起源を有するモノを生み出すことである。もう一つは、活動（プラクシス）のアートである。これは人間の善（human good）をもたらすものであり、何をすべきかの熟考と知恵（フロネーシス）を必要とするものである。ビースタ教授は、アリストテレス哲学を引証して、そのような両面を有する、二重の意味でのアートとして教えることを定義する。すなわち、教えることには技と知慮の両方が求められるのである。

教えることをそのような二重の意味のアートとして再主張することは、教えることとは何かについて理にかなった説明を示すことである。さらには、教師に意味のある言語を提供することであり、政策と研究と教師教育には異なるアジェンダを提起することである。現代の測定の時代において、教えることは測定可能な結果を効果的に生じさせるはずの介入として定義されており、その意味で重要とされている。しかしながら、それは教えることは何のためであり、またいかなるものであるかについての誤った認識にほかならない。それが教師の活動のための空間を構成するのであれば、教師エージェンシーは侵食されることになる。したがって、教えることのアートを再主張し、取り戻すことが、教えること自体にとって、かつまた教師エージェンシーにとっても必要不可欠なのである。

以上に概略を示したビースタ教授による基調講演を受けて、指定討論者の仲田会員は日本の文脈も参照しながら、主要な論点を確認したうえで5つの論点について、さらなる展開を求めた。第一は、アーティストリーの意味及び語感に関する点である。第二は、アーティストリーとしての教えることや判断が生徒の主体化を導く過程について。この論点は、子どもが自ら資格化や社会化を求めることが少なくないということを踏まえて前景化された問いである。第三は、AI、アルゴリズム、ビッグデータによる知の編成の変容が教師エージェンシーに与える影響について。第四は、ビースタ教授の議論が修学前教育段階の教育及び教師エージェンシーにとっては異なる意味や示唆を持ち得るのかという問い。そして、第五にどうすれば教師は教育的に思慮深くいられる、もしくは、なれるのかという問いであった。これは二重のアートが教師個人の資質や活動であるようにも読めることから発せられた問いであり、教師エージェンシーのエコロジカル・アプローチとの関係のさらなる解明を求めるものであった。紙幅の制約により、残念ながら、ビースタ教授の応答については割愛する。

公開シンポジウムの最後には浜田会長より、教師のエージェンシーとオートノミーの異動に関する論点提起を含む総括コメント、及びビースタ教授への謝意が述べられた。

なお、本公開シンポジウムは浅井幸子事務局長をはじめ、若手研究者・大学院生をメンバーとする大会実行委員会による尽力により実現したものである。ここでは特にビースタ教授の講演資料の翻訳作業を引き受けていただいた有井雄太会員（新潟大学）にお礼を申し上げたい。

参考文献

Priestley, M., Biesta, G. and Robinson, S. (2015), Teacher agency: An ecological approach, London: Bloomsbury.

（文責・勝野正章／東京大学（第33回大会実行委員長））

課題研究 I

学校教育の変容と教師
──個人化された学習の時代を超えて──

1．課題研究第 I 部会　趣旨と本年度内容

(1)課題研究第 I 部会の趣旨

　本部会は、激変する社会の変化を視野に入れて、既存の枠組みを相対化しつつ教師教育を考えることを目的としている。

　教育をめぐる状況としては、指導要領の改訂後、令和 3 年には「『令和の日本型教育』の構築を目指して（中教審答申第228号）」が答申され、またこの答申を現実化するために、教員の養成・採用・研修の在り方が検討されるなかで、養成されるべき教師像が示された（令和 4 年中教審答申第240号）。その後令和 5 年には「『令和の日本型教育』を担う質の高い教師の確保のための環境整備に関する総合的な方策について」が諮問され、「働き方」をめぐる検討をもとに、近々その結果が答申される予定である。これらの審議からは、「令和の日本型教育」の基本路線に沿って、教員キャリアの全体に及ぶ、また日常の教育活動とその諸条件の基盤に関するドラスティックな変化が求められていることがわかる。また、こうした趨勢に即応して、実践現場に近い領域では、さっそく、答申に沿った数々の具体的実現方法が提案されている。

　しかしながら、本部会は、こうした施策を前提にして議論するものではない。というのは、なぜこうした趨勢が生まれるのか、それはどのような未来の到来を予期しているのか、その時の教師の役割は何か、などについて検討しなければ、未来の創造を行政の手に委ねることになってしまうからだ。したがって、①　こうした施策の背景としての社会変化　②　想定される人間形成と、その担い手としての教員　③　答

申に示された未来図とそのオルタナティブ　④　それ等を踏まえての教師教育の構想と検討が必要になる。

　本部会では、1 年目に、拡大学習会で「令和の日本型教育」についての批判的検討を加え、大会時には、答申の背景としての「第四次産業革命」についての報告、現場での教師の声、教育の現状が看過している「ケアする学校」についての問題提起を行ってきた。また、2 年目は、個別最適化という主題は、すべての子どもの主体性・自律性を尊重する教育として描かれるのか、あるいは産業界の「人材」養成に寄与するのか、「令和の日本型学校」に内包される「個別化」についての問題を取り扱った。そして「個別最適化」に対抗する「協働的な学び」を「公共」の創造としてとらえる実践について報告、議論した。

(2)本年度課題研究部会　研究大会内容

　本年度は二つの公開学習会を開催するとともに、中教審答申が「公教育」概念の修正や、個人化された社会の到来を内包していると理解したことから、個人化され、競争の中で心身を削られる生活を強いられるような社会像・人間像を受け入れるのではなく、学校教育の重要な役割が、その社会に生きる子どもに市民（同世代人）としての共通（コモン）の教育を提供することにその意義があると考え、大会時のテーマを「個人化された学習の時代を超えて」とした。

　大会時の開催が難しかったため、以下の三報告は 9 月23日（土）にZOOMにより実施した。

　報告 1 ：教師の同僚性の意義

　　　　　　鈴木　悠太（東京工業大学）
報告2：個別最適化という排除
　　　　　　小國　喜弘（東京大学）
報告3：「公教育の変容」と教師の専門職性
　　を考える
　　　　　　油布　佐和子（早稲田大学）
司会　　　　柏木　智子（立命館大学）
コメンテーター　　浅井　幸子（東京大学）

⑶各報告の概要

　第一の鈴木報告では、担い手としての教員も競争的な環境の中に置かれ、個別に切り離されているという実態を踏まえ、「同僚性」概念に注目し理論的な検討を試みた。教員の「同僚性」について、J.W.リトルの業績を丁寧にトレースし、「集団的自律性」と「教師間主導性」が教師の「私事性の固執」を打開する鍵となること、また、日本における同僚性の議論では、学校改革を推進するための必須課題が「同僚性の構築」であり、それが佐藤による「学びの共同体」として進められたことが示された。このとき、日米での「同僚性」概念の検討から、デボラ・マイヤーに依拠しつつ、必要なのは、同僚性が実効性を持つには「（同僚性の）オープンであることが、パブリック（公共性）に結びつくこと」だと指摘した。また、これを実践レベルで現実化する方法として、アクションリサーチの可能性が示唆された。

　第二報告の小國氏は、日本におけるインクルーシブ教育が「同じ場で学ぶこと」と「個々の教育ニーズに対応すること」を掲げて進められてきたが、前者は交流および協働学習に限定され、後者は、ニーズに応じて「普通級の個別支援」「通級による指導」「特別支援学級」「特別支援学校」などと分類され、さらに障害の種類によって細分化される実態を生み出していること、その結果、子どもの分断が進み、排除の論理が教育の現場を席捲していることの事例を示しながら指摘した。こうした趨勢の背景にあるのは、産業競争力構築のための人材育成という考えである。このとき、「子どものニーズ」とい

う用語で「個人の能力化」が進められてきたことの問題を相対化し、公教育の新自由主義化を支える教育現場の構造を課題化する必要性を訴えた。

　第三の油布報告では、中教審答申第228号は、個別最適化という名に隠されて、修得主義を推進する文言が書き込まれてる点に注意を促した。これは学習の進度に応じて、個人を差異化・序列化することを意味している。油布報告でも、小國報告と同じく、答申は産業界の要請に従った「人材選抜」に貢献する方向性を示していることが指摘された。それは経済のグローバル化＝資本主義化の新しい段階の中で勝ち抜く、し烈な競争を求められる社会・経済状況の現状を反映していることにある。このとき、教員に必要なのは、能力は個人に帰属するという通常の認識からいかにして離れることができるかということだと指摘された。そして、「類的存在」としての人間を意識し、公教育を民主主義の実現を図るものとして再定位する必要があるとまとめられた。

2．課題研究第Ⅰ部会の成果と課題

　本部会では、中教審答申の内容や、その背後にある社会・経済状況についての理解を深め、現在の趨勢の中心に「個人化」の問題があること、「個別最適化」という政策は、学校が「人材」養成に特化されていく現状を背後に隠しながら、子どもたちを差異化し分断するように作用し、さらには「学校（公教育）」を破壊していくことを明らかにしてきた。「個人のニーズ」の主張は、人間の「類的存在」という基本を見失わせ、＜コモン＞の構築を困難にすることについて改めて検討する必要があるだろう。

　一方、検討すべき課題がマクロ・メゾ・ミクロの全領域に及ぶため、検討課題が多岐にわたり十分な展開が困難であった。状況の基本認識は明示されたが、課題期間中に成果の全体をまとめることがかなわず、これについてはで引き続き取り組みたい。

　　　　　　（文責・油布佐和子／早稲田大学）

課題研究 II

大学における教職課程の「グランドデザイン」

課題研究 II「大学教育と教師教育」では、大学における教員養成のあり方について学際的・総合的な検討を行い、学術的基盤に基づいて日本独自の教員養成モデル（グランドデザイン）を構築し、政策提言を行うことを目的とした。より具体的には、教員養成の「制度」と「カリキュラム」という二つを研究対象として取り上げ、理論的および実証的アプローチを統合的に推進することを通して、大学における教員養成の理念や実態を明らかにするとともに、日本における教員養成の新たな高度化に向けた将来像を描くことを目指した。

本研究課題に対しては、2021年度よりJSPS科研費（基盤研究（B）「大学における教員養成」の再構築に関する理論的・実証的研究）が採択され、トータルで3年半にわたる研究活動を16名の部会メンバーによって展開した。

「グランドデザイン」の策定にあたっては、大学における教職課程についての基本的な考え方を確認するとともに、その理念を現実化するためのカリキュラムや制度のあり方について、「多様性」と「共通性」をともに重視しつつ検討を深めてきた。また、その研究プロセスにおいては、有識者へのインタビューや大規模な質問紙調査を実施するとともに、学会内外に広く意見を求めることを目的とした公開研究会等を複数回にわたって開催することを通して、研究成果の妥当性について検証を進めてきた。

本学会第33回研究大会では、以上の研究成果の最終報告としてシンポジウムを開催し、「グランドデザイン」および、その具体的な提案である「モデル化」が提起された。

部会側から、コーディネーターを浜田博文

（筑波大学）が務め、鹿毛雅治（慶應義塾大学）、牛渡淳（仙台白百合女子大学）、岩田康之（東京学芸大学）、勝野正章（東京大学）がそれぞれ分担して研究成果を報告した。それに対して、指定討論者としてお招きした三石初雄氏（東京学芸大学）からコメントをいただいた上で、参加者とともに全体協議を行った。

1．部会からの報告

まず、鹿毛が本課題研究の目的や経過などの概要について説明した。とりわけ、「グランドデザイン」の策定と「モデル」の具体化に関して、インタビュー調査（対象：有識者25名、実施時期：2022年8月-9月）および質問紙調査（対象：主調査1,008名、補充調査834名、実施時期：2023年5月-6月）を通して妥当性の検証が行われたことが紹介された。

牛渡からは、グランドデザインの概要およびモデル化にあたっての基本的な考え方が報告された。まず、教師を「未来の社会に生きる子どもたちの学びを促し、一人ひとりの人としての成長を支えるユニークな専門職」ととらえた上で、本来、魅力に満ちているはずの教師という意義深い職業をめぐって現在、危機的な状況が生じているという認識に立ち、「教員養成」を大学で行う意味として、(1)「教養教育」を通じて働きかけの対象となる人間という存在や社会の在り方に関する深い洞察を行い、市民性や人権感覚等を養うこと、(2) アカデミックな学問としての「教育学教育」を通じて正答が一義的には見つからない教育の諸問題に向き合い、多様な視点やアプローチから教育という営みについて考察し、教育のありうる姿を自ら構想・具体

化する力を身につけること、(3)「諸学問の教育」を通して専門科学のディシプリンを身につけ、生涯を通じて科学の進歩や社会の変化に対応する力を身につけることの3点を指摘した。その上で(1)「これからの教師像」をどのようなものとしてとらえるか、(2)「理論」と「実践」の関係をどのように考えるのか、(3)「質」と「量」の両方を視野に入れた制度設計をどのように行うかという3つの論点に沿って「グランドデザイン」の「基本的な考え方」について概説した。とりわけ、「グランドデザイン」において4年制の学士課程（＝基礎免許状）の後に、多様なルートを持つ2年程度の課程（大学院修士レベル）を加えて標準（＝標準免許状）とする改革が提案されていることが強調された。

岩田からは、学部段階のカリキュラムという観点から「モデル化」が報告された。日本の開放制における「大学における教員養成」の多様性を最大限に尊重し、大学教育全体としての学士課程をベースとした学部段階における教員養成を目指し、「市民的教養」「教育学的教養」「教科の教養」を統合した「教師教育エッセンシャルカリキュラム」が提案された。

勝野からは、大学院段階のカリキュラムおよび制度の観点から「モデル化」が報告された。学部段階での学び（基礎免許状）は、教師としての基礎・基本を学ぶことが中心であるのに対し、より高度な専門性を身につけるためには大学院での学び（修士レベル）が求められるが、その大学院のあり方は多様であるべきだと強調し、具体的な大学院カリキュラムの類型として、タイプⅠ：「教育臨床型」（現在の教職大学院と類似のカリキュラム：実践的研究中心）、タイプⅡ：「教育学的教養深化型」（教育学的教養に関する学術的研究中心）、タイプⅢ：「教科の教養深化型」（多様な教科・学問分野に関する学術的研究中心）が提案された。また、このようなカリキュラムの「多様性」が確保されるとともに、いずれのタイプの大学院でも「教育臨床研究」（「教えることを意識した教育学的知識または教科知識の再構成」を目的とする現場

に根ざした研究）を行うことを提案し、それを標準免許状の「共通性」を示すものとして位置づけた。

最後に、鹿毛から質問紙調査（上述）の結果と考察が報告された。「グランドデザイン（案）」の妥当性検証を目的として、調査協力者にその内容を提示して意見を尋ねたところ、「これからの教師像」（学びと成長の専門家、自律的でクリエイティブな高度専門職など）と大学での教員養成制度に関する考え方の両面についておおむね賛同が得られた（項目平均値がそれぞれ3.5以上、3.0以上：4件法）。別途、不同意意見（自由記述）について分析した結果、その半数以上（56.3％）は制度面に関するもの（条件整備が必要、教員不足など）だった。

2. 指定討論者からのコメント

三石氏からは、教師教育の「高度化」をどう具体化するかという課題に関連して、教職大学院発足以来問われてきた論点として、実践的指導力、マネジメント能力の育成、理論と実践の往還・融合・統合のあり方、入学・修了へのインセンティブといったテーマがあることが指摘された。また、教職大学院カリキュラムの改革動向に関して複数の事例が紹介された。その上で、どの専門職であっても研究の感覚を持った専門家が必要とされていることなど、貴重なコメントを頂いた。

3. 全体討議

参会者を含めた全体討議では、グランドデザインに基づくモデル化の実現可能性をめぐる諸問題の指摘や、これまでの教員養成政策に対して手をこまねいてきた学界の責任に関する指摘などがあり、活発な意見交換がなされた。

＜付記＞
本課題研究の成果は、日本教師教育学会（監修）『大学における教員養成の未来』（学文社）として刊行された。

（文責・鹿毛雅治／慶應義塾大学）

課題研究 Ⅲ

多様な教職ルートの構造と実態に関する国際比較研究（3）
多様な教職ルートが教師教育に問いかけること：各国の類型化と日本の位置

1．課題設定

　第11期の課題研究Ⅲ部（国際比較・交流）は、多様な教職ルート（教壇に立つためのルート）に焦点を当てて、国際比較研究を進めた。第31回大会（2021年）では、多様な教職ルートの諸相を捉えるために、アメリカ・ノルウェー・中国・ドイツの多様な教職ルートの実態を議論した。第32回大会（2022年）では、多様な教職ルートの背景にある教員不足に焦点を当て、教員不足に対する問題認識が各国・地域によってどのように異なっているのかをイギリスとオーストラリアを取り上げ、議論した。

　第33回大会は、第11期課題研究Ⅲの活動の集大成として、「多様な教職ルートが教師教育に問いかけること：各国の類型化と日本の位置」をテーマにした。これまでの研究を通して、教員になるためのルートが複数あるという状況が多くの国で共通していることが明らかになった。しかし、多様な教職ルートの構造を見ると、例えば「主流」としての教員養成がありながら、緊急的に必要な場合に備えた仕組みがある場合や、「主流」の教員養成では質的・量的な教員不足に対応できないことから、ある種の「傍系」が確立している場合等、いくつかの類型が確認できた。そこで、各国の多様な教職ルートの構造を類型化することを通して、世界的な動向を整理することが重要であると考えた。他方で、それぞれの国で多様な教職ルートが存在する背景には、単なる量的な教員不足というだけではなく、各国における学校教育や社会環境の変化への対応といった側面もあることが見えてき

た。そうした各国の差異性に着目し、世界的な動向の背景にある各国独自のコンテクストも探る必要がある。そこで、第33回大会の課題研究では、各国の分析結果を踏まえた上で多様な教職ルートの意味を考えるとともに、日本の教師教育の制度・実態を国際比較の枠組みから定位することを試みた。

2．報告の概要

　最初の報告として、辻野けんま会員（大阪公立大学）が「ドイツの教師教育における主流と傍流」と題した報告を行った。ドイツの教員養成は、二段階養成という厳格な制度が整備されている。しかし社会の変化により教員不足の問題が生じ、現実的な対応として中途入職教員という形で従来の教員養成を経ずに教壇に立つ教員が増えている。また難民の教師教育も進められており、現実的な課題への対応という側面から、「傍流」の存在がクローズアップされている。

　次に、小野瀬善行会員（宇都宮大学）から「アメリカ合衆国における『教員不足』の現状と教職ルートの多様化について」の報告があった。アメリカでは、慢性的な教員不足を背景に、教職ルートの多様化が進められている。例えば、テキサス州では40%近くの教員が主流以外のルートから教職についている。こうしたルートの多様化が教員不足や教員の質の格差を解消しているかどうかに関しては明確に示されていないという点が指摘された。

　中田麗子会員（信州大学）からは「ノルウェーの教員養成—『主流』ルートの高度化と教員

114　日本教師教育学会［年報第33号］

不足—」と題した報告がなされた。ノルウェーでは、主流となる教員養成を高度化する措置が取られている一方で、へき地を中心にした教員不足を背景に5年の実務経験で教員の資格があると判断されている。こうした「裏門」が開いている状況に対して、教員養成を受けることを必須にする「主流」の強化の動きが見られる点が指摘された。

張揚会員（北海道大学）からは、「市場原理に基づく教職ルートを支える集権的な教員配置の諸政策を模索している中国の現状と課題—中国の農村地域における教員不足問題を解決できるか—」という報告が行われた。中国では、特に農村部を中心に教員の確保が難しくなっている中で、特別配置教師政策のように、農村部の学校で働く教員に対するインセンティブを強化している。これにより、教員の流動化を図ろうとしているが、その効果はまだ不明瞭だと指摘されている。

以上の各国の報告および過去の課題研究での報告を踏まえ、佐藤から「多様な教職ルートの類型化の試み」と題した分析が示された。類型化は相対的な距離で試みたものであり、現段階での状況を踏まえるという留保がなされている。そこでは、メインルートが明確に存在しているかどうかという軸、そして「裏門」となる別のルートがどの程度広いかという軸で各国の状況が分析された。また教員不足をめぐっては、質的な教員不足をめぐる共通性と差異性が見られた。例えば、領域（特別支援や幼児教育）や地域の偏りは多くの国で見られるが、例えばドイツの難民の子どもを教える難民の教員、アメリカの教員の人種の偏りといった各国の文脈による質的不足の違いが見られた。

各国の状況が示された上で、日本の状況について、原北祥悟会員（崇城大学）より「日本における多様な教職ルートと教員不足—教員不足の実態と制度構造の整理—」と題した報告が行われた。日本では、教員不足といった場合の不足の概念が不明瞭であり、「何に対する不足なのか」という点で様々な言説がある点が指摘さ

れた。一方で、教職員定数という制度的要因に対して、その構造そのものを問い直す視点の重要性が示された。

また、北田佳子会員（埼玉大学）から「日本における多様な教職ルート開発の現状と今後の課題—東京学芸大学とTeach For Japanの連携による『教員・教育支援人材リカレント事業』に着目して—」の報告が行われた。東京学芸大学とNPOのTeach For Japanが連携して教育人材を育成するプログラムは、専門職としての教員養成という点において、「大学における教員養成」を再考するものとなっている。教員不足をめぐっては教職ルートの多様化と教職の高度化をどう考えるのかを検討する必要性が示された。

ディスカッションでは、まず佐藤から各国の類型化の中で、日本がどのように位置付けられるのかが示された。具体的には、メインルートは明確で、「裏門」については制度があるが実態は少ない点、そして教員の質的不足の議論では「多様な専門性」という抽象的な方向性が示されている点が指摘された。ディスカッションでは、多様な教職ルートによって教員不足が解消されるのかといった点や、多様な教職ルートが教師の専門職性とどのように関係するのか、といった議論がなされた。

3年間にわたる課題研究Ⅲの成果については、以下の書籍でまとめられている。一読いただければ幸いである。

日本教師教育学会第11期課題研究Ⅲ部編、佐藤仁編著（2024）『多様な教職ルートの国際比較：教員不足問題を交えて』学術研究出版。

（文責・佐藤　仁／福岡大学）

日本教師教育学会年報
第33号

7

〈日本教師教育学会関係記事〉

1 日本教師教育学会 第12期（2023年10月2日－2026年10月）役員・幹事等一覧

（50音順、＊は常任理事、2024年4月20日現在）

【会長（理事長）】

＊岩田康之

【全国区理事（定員数7）】

＊安藤知子（事務局次長）　＊岩田康之（会長）　＊牛渡　淳

＊鹿毛雅治（課題研究II部担当）　＊勝野正章（会長代行／研究推進委員長）

＊油布佐和子　＊和井田節子

【地方区理事（定員数33）】

1　北海道（定員数1）

玉井康之

2　東北（定員数1）

佐藤修司

3　関東・甲信越（東京を除く）（定員数8）

浅野信彦　北田佳子　金馬国晴　黒田友紀　樋口直宏　伏木久始　前田一男　森　透

4　東京（定員数8）

浅井幸子　金子真理子　佐久間亜紀　＊佐藤千津（研究推進副委員長/国際交流WG座長）

仲田康一　＊矢野博之（課題研究III部担当）　＊百合田真樹人（年報編集委員長）

＊渡辺貴裕（課題研究I部担当）

5　東海・北陸（定員数3）

紅林伸幸　子安　潤　＊長谷川哲也（研究倫理委員長）

6　近畿（定員数8）

石井英真　小柳和喜雄　＊木原俊行（褒賞委員長）　久保富三夫　八田幸恵　原　清治

別惣淳二　吉岡真佐樹

7　中国・四国（定員数3）

佐々木　司　＊高旗浩志（若手研究者育成支援部担当）　＊米沢　崇（事務局長）

8　九州・沖縄（定員数1）

佐藤　仁

【事務局】

＊米沢　崇（事務局長）　＊安藤知子（事務局次長）

【監査（定員数2）】

小田郁予　村田悦子

【幹事】

奥田修司

【学会事務業務】

株式会社EPOCH-NET

2 日本教師教育学会 活動履歴 －2023. 8. 10～2024. 8. 4－

（敬称略）

【2023年】

9月12日（火）研究倫理委員会

9月14日（木）課題研究Ⅲ 研究会（部内）

9月15日（金）研究倫理委員会主催 第6回研究倫理学習会「教師教育学研究の発展と研究倫理のこれから―第11期研究倫理委員会からの5つの問題提起―」話題提供者：紅林伸幸（常葉大学）、内田千春（東洋大学）、髙野和子（明治大学）、長谷川哲也（岐阜大学）、羽野ゆつ子（大阪成蹊大学）

9月21日（木）課題研究Ⅲ 研究会（部内）

9月23日（土）課題研究Ⅰ 「個人化された学習の時代を超えて」＊大会時に課題研究部会を開催することが困難だったためZOOMにて開催。

9月27日（水）日本教師教育学会 第85回理事会（新旧合同理事会） 主な内容：①第12期役員選挙結果が承認され、総会に提案することとなった。 ②岩田康之第12期会長（理事長）より第12期の体制づくりについて提案の後、承認され、総会に提案することとなった。 ③第33回研究大会（東京大学）の進捗状況について説明があった。 ④各部会・委員会から第11期最終年（2022年9月18日・2023年10月1日）の取り組みの報告があった。 ⑤年報編集委員長から年報32号が完成し、過去最多の掲載数であったことが報告された。 ⑥「学会から補助を受けた出版に関する申し合わせ」の追加について承認され、総会に提案することとなった。 ⑦2022年度決算報告・2023年度予算案が理事会で承認され、総会に提案することとなった。 ⑧第11期研究推進委員会による日本教師教育学会編『「令和の日本型」教育と教師―新たな教師の学びを考える―』（学文社）の出版について報告があった。

9月30日（土）～10月1日（日）第33回研究大会 大会校：東京大学。大会テーマ：「学校教育の変革主体としての教師」。ハイフレックス開催。公開シンポジウム：「学校教育の変革主体としての教師」、会員・非会員参加費無料。情報交換会は総会終了後に対面で行った。大会実行委員長：勝野正章（東京大学）、事務局長：浅井幸子（東京大学）、委員：有井優太（新潟大学）、有間梨絵（東京大学大学院・院生）、小田郁予（早稲田大学）、影山奈々美（東京大学大学院・院生）、小沼聡恵（東京大学大学院・院生）、李愛慶（東京大学大学院・院生）。

9月30日（土）第33回総会 主な内容：①会員数（1,286名）、第11期最終年の取り組み、「学会から補助を受けた出版に関する申し合わせ」の追加について報告された。 ②第12期選挙管理委員会より第12期役員選挙結果が報告され、承認された。 ③岩田康之第12期会長（理事長）より第12期の体制づくりが提案され、承認された。 ④会則で役員の選出手続きを明確にするために、会則第6条の一部改正が提案され、一部修正の上で会則改正が可決された。 ⑤2022年度決算報告・2023年度予算案が承認された。 ⑥2024年の第34回大会は、2024年9月21日（土）・22日（日）の期間で島根大学にて開催されることになった。 ⑦総会後に第1回研究奨励賞の受賞式が行われ、奥田修史会員へ表彰状が授与された。

9月30日（土）年報第32号『教育関連専門職・発達援助職の現状と養成上の課題―教職との連携・

協同の発展をめざして―／教師の働き方改革と教師の役割の再検討―教師教育の国際的動向のなかで―』発刊。

9月30日（土）第11期研究推進委員会による日本教師教育学会編『「令和の日本型」教育と教師―新たな教師の学びを考える―』を学文社より出版。

10月20日（月）若手研究者育成支援部　研究会（部内）

11月11日（土）第86回理事会　主な内容：①岩田康之会長より第12期（2023年10月2日－2026年10月）における活動方針が示された。②第33回研究大会実行委員会より第33回研究大会（東京大学）の報告があった。③第34回研究大会実行委員会より第34回研究大会（島根大学）の進捗状況について報告があった。④各部会・委員会より、第12期における活動方針が示された。⑤岩田会長より、国際交流ワーキンググループ（座長：佐藤千津　常任理事（国際基督教大学））の設置について提案され、承認された。⑥事務局より第11期返金金額について報告されるとともに、第12期補正予算について提案され、承認された。

11月11日（土）新旧大会実行委員会の引き継ぎ会

11月11日（土）課題研究Ⅲ　研究会（部内）

11月28日（火）研究倫理委員会

12月14日（木）研究倫理委員会

12月17日（日）褒賞委員会

【2024年】

1月26日（金）課題研究Ⅰ　研究会（部内）

1月26日（金）課題研究Ⅱ　研究会（部内）

1月30日（火）研究倫理委員会

2月10日（土）第105回常任理事会　主な内容：①岩田康之会長より、田中昌弥理事（関東甲信越地区）が3月末で理事資格を失うこと、繰り上げ当選者の黒田友紀理事が次回理事会より参加することを報告された。②岩田会長より、教育関連学会連絡協議会主催の公開シンポジウムに共催することが提案され、承認された。③第34回研究大会実行委員会より第34回研究大会（島根大学）の進捗状況について報告があった。④年報編集委員会より、「日本教師教育学会年報投稿要領」及び学会ＨＰ『年報編集委員会関係』の改訂が提案され、次回理事会にて審議することとなった。⑤褒賞委員会より、審査手続きにおける内規案が提案され、次回理事会にて協議の上決定することとなった。⑥事務局より、学会ニュース第67号をデジタル版のみとすることが報告された。第67号以降の学会ニュースについては廃止とすることを方針として確認した。廃止案については次回理事会で審議することが確認された。⑦2024年度補正予算案を作成し、次回理事会にて審議することとなった。

2月20日（火）研究倫理委員会

3月1日（金）学会ニュース第66号発行

3月3日（日）褒賞委員会

3月4日（月）国際交流WG

3月5日（火）課題研究Ⅲ　研究会（部内）

3月9日（土）教育関連学会連絡協議会と公開シンポジウム「大学における教員養成の未来―『グ

ランドデザイン』をめぐって―」を共催。話題提供者：浜田博文（筑波大学・日本学術会議連携会員）、鹿毛雅治（慶應義塾大学）、勝野正章（東京大学）、牛渡淳（仙台白百合女子大学名誉教授）、岩田康之（東京学芸大学）。司会：吉田文（早稲田大学）、松下佳代（京都大学）。

3月13日（水）課題研究Ⅲ主催　連続オンラインセミナーⅡ「第1回オランダの先生」講演者：山地芽衣（オランダ）（現地小学校教員）

3月13日（水）研究倫理委員会

3月15日（金）課題研究Ⅰ　研究会（部内）

3月19日（火）第11期課題研究Ⅲによる日本教師教育学会第11期課題研究Ⅲ部編『多様な教職ルートの国際比較―教員不足問題を交えて―』を学術研究出版より出版。

3月26日（火）研究推進会議

3月27日（水）課題研究Ⅱ　研究会（部内）

3月31日（日）研究倫理委員会主催　研究倫理学習会（オンライン）「調査開始から論文掲載までのプロセスにおける研究倫理」話題提供者：小田郁予（早稲田大学）、伊勢本大（松山大学）

4月15日（月）褒賞委員会　褒賞委員長より「日本教師教育学会研究奨励賞審査報告書」を会長に提出。

4月18日（木）研究倫理委員会

4月20日（土）第87回理事会　主な内容：①岩田康之会長より、田中昌弥理事（関東甲信越地区）が3月末で理事資格を失ったこと（選出地区の変更）に伴う、繰り上げ当選者の黒田友紀理事が出席することが提案され、承認された。　②第34回研究大会実行委員会より第34回研究大会（島根大学）の形態について、総会と公開シンポジウムはハイフレックス、その他のプログラムは対面で行うこと（課題研究等については会員に限り、一定期間、オンデマンドによる視聴を可能とすること）が報告され、承認された。　③年報編集委員会より、「日本教師教育学会年報投稿要領」及び学会ＨＰ『年報編集委員会関係』の改訂が提案され、承認された。　④褒賞委員会より、審査基準の公開が提案され、承認された。褒賞委員会内規案については引き続き検討することとなった。　⑤岩田会長より、研究奨励賞候補論文として松田香南会員（名古屋大学大学院）と深見智一会員（釧路町立遠矢小学校（当時））の論文が提案され、承認された。第34回研究大会において贈呈式を行うことが確認された。　⑥国際交流WGより、戦略的な国際交流のための「呼び水」として、英文ジャーナルの発行、セミナーの開催、大会における英語によるセッションの試行、国際学会等に関する情報の提供を検討していることが報告された。　⑦事務局より、学会ニュース第67号以降の学会ニュース廃止案が審議され、承認され、総会に提案することとなった。⑧2023年度決算報告と2024年度補正予算案が承認され、総会に提案することとなった。

4月22日（月）課題研究Ⅲ　研究会（部内）

4月30日（火）第11期課題研究Ⅱによる日本教師教育学会監修『大学における教員養成の未来―「グランドデザイン」の提案―』を学文社より出版。

5月1日（水）課題研究Ⅰ　研究会（部内）

5月1日（水）課題研究Ⅲ　研究会（部内）

5月3日（金）年報第31号をJ–SGTAEで公開

5月15日（水）若手研究者育成支援部会　研究会（部内）

5月24日（金）研究倫理委員会

5月26日（日）課題研究Ⅲ主催　連続オンラインセミナーⅡ「第2回フィンランドの先生」報告者：若梅ケン（フィンランド）（現地小学校教員他）

6月6日（木）国際交流WG

6月15日（土）第106回常任理事会　主な内容：①第34回研究大会実行委員会より、自由研究発表の申し込みが107件であったことなど、進捗状況について報告があった。 ②若手研究者育成支援部と研究倫理委員会より、第34回大会時の企画を共催することが報告された。 ③褒賞委員会より、（表彰がない年度があるかもしれないことから）表彰の名称を「2024年度研究奨励賞」とすることが提案され、確認された。 ④事務局より、9月の総会で学会ニュース廃止及び廃止に伴う会則改訂案を提案することが承認された。

6月16日（日）課題研究Ⅱ主催　公開研究会（オンライン）「教師教育学の研究教師教育学の研究アプローチを問う―『私と教師教育学』を語りあうことを通して―」話題提供者：鹿毛雅治（慶應義塾大学）、木原俊行（四天王寺大学）、長谷川哲也（岐阜大学）、羽野ゆつ子（大阪成蹊大学）、コーディネーター：須田将司（学習院大学）、高谷哲也（鹿児島大学）、三品陽平（愛知県立芸術大学）

6月22日（土）課題研究Ⅰ主催　オンラインセミナー「齋藤眞宏、大坂遊、渡邉巧、草原和博 編著『セルフスタディを実践する』読み合わせ」登壇者：大坂遊（周南公立大学）、草原和博（広島大学）、園部友里恵（三重大学）、渡辺貴裕（東京学芸大学）

6月26日（水）研究倫理委員会

7月21日（日）若手研究者育成支援部主催　「第6回論文作成支援セミナー」話題提供者： 大日方真史（三重大学）、稲垣智則（東海大学）、コメンテーター：和井田節子（元共栄大学・NPO法人子ども支援地域プラットフォーム代表）

7月29日（日）課題研究Ⅲ主催　連続オンラインセミナーⅡ「第3回韓国の先生」報告者：藤本己子（韓国）（高校非常勤教員）

8月4日（日）課題研究Ⅰ主催　オンラインセミナー「サマラス著『教師のためのセルフスタディ入門』読み合わせ」登壇者：八田幸恵（大阪教育大学）、大村龍太郎（東京学芸大学）、西田めぐみ（アイスランド大学）、渡辺貴裕（東京学芸大学）

8月4日（日）監査

3　日本教師教育学会会則

（1991年8月30日、創立総会決定）
（1993年10月30日、第3回総会一部改正）
（1998年10月24日、第8回総会一部改正）
（2009年10月3日、第19回総会一部改正）
（2019年9月21日、第29回総会一部改正）
（2022年9月17日、第32回総会一部改正）
（2023年9月30日、第33回総会一部改正）

（名称）
第1条　本学会は、日本教師教育学会（The Japanese Society for the Study on Teacher Education）と称する。

（目的）
第2条　本学会は、学問の自由を尊重し、教師教育に関する研究の発展に資することを目的とする。

（事業）
第3条　本学会は、前条の目的を達成するため、次の各号に定める事業を行なう。
一　年次大会及び研究集会等の開催
二　機関誌（日本教師教育学会年報）、学会ニュース等の編集及び発行
三　会員の研究の促進及び会員間の研究交流・共同研究の支援等
四　国内及び国外の関係学会・機関・団体等との研究交流
五　その他理事会が必要と認めた事業　　　　　　　　（2022.9.17、第32回総会一部改正）

（会員）
第4条　本学会の会員は、本学会の目的に賛同し、研究倫理規程を遵守し、教師教育に関する研究を行なう者、及び教師教育に関心を有する者とする。　（2019.9.21、第29回総会一部改正）
2　会員になろうとする者は、会員1名以上の推薦を受けて、事務局に届け、理事会の承認を受けるものとする。
3　会員は、入会金及び年会費を納めなければならない。
4　3年間にわたって会費を納入しなかった会員は、理事会の議を経て退会したものとみなされる。　　　　　　　　　　　　　　　　　　　　　（1998.10.24、第8回総会一部改正）

（役員）
第5条　本学会の役員は、会長（理事長）1名、理事若干名、及び監査2名とする。

（役員の選任）
第6条　会長及び理事は、会員の投票により会員から選出される。当該選出方法は、別に定める。但し、学際的研究活動の発展及び理事の専門分野の均衡等のため、会長が推薦し、理事会の議を経て総会が承認する理事を置くことができる。
　　　　　　　　　（1998.10.24、第8回総会一部改正、2023.9.30、第33回総会一部改正）
2　監査は、会長が会員より推薦し、理事会及び総会の承認を経て委嘱する。
　　　　　　　　　　　　　　　　　　　　　　　　　（2023.9.30、第33回総会一部改正）
3　会長、理事及び監査の任期は3年とする。いずれの任期も、選出定期大会終了の翌日より3年後の大会終了日までとする。会長及び理事については、再任を妨げない。

4 　会長は、理事の中から事務局長並びに事務局次長を指名し、理事会の議を経て総会の承認
を受ける。　　　　　（1998.10.24、第8回総会一部改正、2023.9.30、第33回総会一部改正）
（役員の任務）
第7条　会長は、本学会を代表し、理事会を主宰する。会長に事故あるときは、あらかじめ会長が
指名した全国区選出理事がこれに代わる。　　　　　（2009.10.3、第19回総会一部改正）
2 　理事は、理事会を組織し、本学会の事業を運営する。
3 　理事のうち若干名で常任理事会を構成し、事業の執行にあたる。常任理事は会長が指名し、
理事会の承認をうける。　　　　　　　　　　　（2022.9.17、第32回総会一部改正）
4 　監査は、会計及び事業状況を監査する。

（事務局）
第8条　本学会に事務局を置く。
2 　本学会の事務局は、事務局長並びに事務局次長及び理事会の委託する事務業務担当者によ
って構成される。　（1998.10.24、第8回総会一部改正、2022.9.17、第32回総会一部改正）
（総会）
第9条　総会は、会員をもって構成し、本学会の組織及び運営に関する基本的事項を審議決定する。
2 　定期総会は、毎年1回、会長によって招集される。
3 　会長は、理事会が必要と認めたとき、又は会員の3分の1以上が要求したときは、臨時総
会を招集しなければならない。
（総会における議決権の委任）
第10条　総会に出席しない会員は、理事会の定める書面により、他の出席会員にその議決権の行使
を委任することができる。
（委員会）
第11条　本会に次の委員会を置き、各号に定める業務を行う。
一　年報編集委員会は、機関誌の編集及び発行に関する事務を行う。
二　研究推進委員会は、本会全体の研究を推進し、それに関わる事業を企画・実施する。
三　研究倫理委員会は、会員の研究倫理に対する認識の深化を図り、倫理教育や啓発活動を企
画・実施する。
四　褒賞委員会は、本会の研究水準の向上を目指して設けられた学会褒賞の選考にあたる。
2 　各委員会の委員長は会長が指名し理事会の承認をうける。
3 　各委員会の具体的な業務に関する規程は別に定める。（2022.9.17、第32回総会一部改正）
（会計）
第12条　本学会の経費は、会費その他の収入をもって充てる。
2 　会費は、年額7,000円（機関誌代を含む）、入会金は1,000円とする。但し、学生（院生を含
む）の会費は年額3,000円とする。　　　　　　　（2022.9.17、第32回総会一部改正）
3 　本学会の会計年度は、4月1日より翌年3月31日までとする。

（1993.10.30、第3回総会一部改正）
（会則の改正）
第13条　本会則の改正には、総会において出席会員の3分の2以上の賛成を必要とする。
附　則
1 　本会則は、1991年8月30日より施行する。
2 　第4条第1項に該当する者が、創立総会に際し入会を申し込んだ場合には、同条第2項の

規定にかかわらず、会員とする。

　　3　第6条の規定にかかわらず、本学会創立当初の役員は、創立総会の承認を経て選出される。

附　　則　（1993年10月30日、第3回総会）

本会則は、1994年4月1日より施行する。

附　　則　（1998年10月24日、第8回総会）

本会則は、1998年10月24日より施行する。

附　　則　（2009年10月3日、第19回総会）

本会則は、2009年10月3日より施行する。

附　　則　（2019年9月21日、第29回総会）

本会則は、2019年9月21日より施行する。

附　　則　（2022年9月17日、第32回総会）

本会則は、2022年9月17日より施行する。

附　　則　（2023年9月30日、第33回総会）

本会則は、2023年9月30日より施行する。

4　日本教師教育学会研究倫理関係規程等

(1)　日本教師教育学会研究倫理規程

（2019年9月21日、第29回総会決定）

【前文】

日本教師教育学会は、人びとの健全な学びと育ちを支え、民主的で公正な社会の形成と発展とを担う主体の実践ならびに成長・発達に資する、科学的かつ学術的な研究及びその成果に基づく専門的諸活動を推進する。そのために、本学会の会員が社会的責任を自覚し、自らの良心と良識とに従い、多様で多元的な価値が存在することをふまえ、基本的人権を尊重し、人びとの学びと育ちの環境を侵すことなく、民主的で公正な環境のもとで教師教育の実践とその研究を発展させるための指針として、以下の研究倫理規程を定め、会員の研究倫理に対する認識の深化を図り、倫理教育や啓発活動の推進に努める。

【倫理条項】

（責任の倫理）

1　社会的責任

　　会員は、教師教育及び教師教育研究の専門家として、自身の活動が人びとの健全な学びと育ちを支えるとともに、民主的で公正な社会の形成と発展に対して影響を有することの自覚を持って、科学的かつ学術的に専門的諸活動を実施する。

（態度の倫理）

2　倫理の遵守

　　会員は、基本的人権を尊重し、本学会の会則及び本研究倫理規程を遵守する。

3　公正な活動

　　会員は、教師教育の研究と実践において、科学的かつ学術的な根拠に基づいて、客観的で公正な専門的判断と議論を行う。

4　自己研鑽

　　会員は、自身の専門性を向上させる研鑽に努め、社会的信頼を高めるよう努力する。

5　相互協力

　　会員は、相互に高い信頼を持って、教師教育の実践とその研究をはじめとする全ての専門的諸活動における力量向上や倫理問題への対応について、相互啓発に努めるとともに、教師教育の発展に向けて積極的に相互協力する。

（活動の倫理）

6　人権の尊重と差別・偏見の排除

　　会員は、教師教育の実践とその研究をはじめとする全ての専門的諸活動において、全ての人の権利と尊厳、価値の多様性を尊重し、偏見を取り除くことをはじめ、あらゆる形態の差別を積極的に否定する。

7　科学的、学術的、専門的な研究

　　会員は、科学的、学術的な研究の過程において、つねに公平性のもとで、事実に基づく真理の探究と立証に努める。また、その研究と実践において、データ、情報、調査結果などの改竄、捏造、偽造や、他者の知的業績や著作権を侵すなどの不正行為を行わない。

8　研究実施のための配慮と制限

　　会員は、その専門的諸活動において、起こりうる倫理的問題を想定し、それらの予防に努める。

9　共同研究者、研究対象者、研究協力者などの保護

　　会員は、その専門的諸活動において、他者に害を及ぼすことを予防し、予期しない悪影響が発生した場合においては、その作業を中断・終了するなどの被害を最小限に抑えるための措置を直ちに講じる。

10　インフォームド・コンセント

　　会員は、研究にあたっては、その過程全般および成果の公表方法、終了後の対応等についてあらかじめ研究対象者及び協力者に対して説明を行い、理解されたかどうかを確認し、同意を得て実施する。

11　守秘義務

　　会員は、正当な手続きをとらない限り、自らの職務および学術研究において知り得た情報の秘密保持の義務を負う。

12　利益相反への対応

　　会員は、自らの職務及び学術研究において、利益相反による諸弊害が生じないよう十分に注意し、利益相反がある場合には、その情報を開示するなど、適切に対応する。

13　情報・成果の開示

　　会員は、教師教育の実践とその研究を発展させるため、自らの良心と良識とに従い、研究の成果を積極的に発信する。成果の発表にあたっては、研究対象者及び協力者の利益を損なってはならない。また、発表された成果は、発表者の知的財産として適正に扱われなければならない。

（倫理の徹底）

14　学会の責任

　　日本教師教育学会は、会員が日本学術会議の定める「科学者の行動規範」に則って教師教育及び教師教育研究の専門家として専門的諸活動に取り組むことができるように、継続して環境整備に努め、倫理教育や啓発活動を推進する。

附　則
1　本規程は2019年度総会終了後より施行する。
2　本規程の改定は、理事会の議を経て、総会において決定する。

※会員が参照すべき資料

・日本学術会議「科学者の行動規範　改訂版」平成25年（2013年）1月25日（http://www.scj.go.jp/ja/info/kohyo/pdf/kohyo-22-s168-1.pdf）

⑵　日本教師教育学会研究倫理委員会規程

（2022年9月16日、第82回理事会決定）

第1条　本委員会は日本教師教育学会研究倫理規程に基づき、本学会の研究倫理に関わる組織・運営体制の整備と、会員の研究倫理の啓発並びにその学習機会の提供に取り組む。
第2条　本委員会は、5名以上10名未満の委員で構成し、委員長1名と副委員長1名を置く。
　2　委員長は理事のうちから会長が推薦し、理事会の議を経て会長が委嘱する。
　3　委員長以外の委員は委員長が会員のうちから推薦し、理事会の議を経て、会長が委嘱する。
　4　副委員長は、委員の互選により選出し、委員長を補佐する。
　5　委員長ならびに委員の任期は3年とし、当該年度の大会最終日までとする。なお、それぞれ再任は妨げない。
第3条　委員長は、常任理事を兼任する。
　2　委員長は委員会を代表し、研究倫理委員会を招集し、その議長となる。
　3　委員長に事故ある場合は、副委員長がその職務を代行する。
第4条　本委員会は学会活動に関わる研究倫理事項の情報交換並びに協議、検討を行い、会長に報告、提案する。
　2　本委員会は会長の諮問により研究倫理に関わる学会事業に関する諸事項を検討し、会長に答申する。
　3　本委員会は理事会の議を経て決定した会員の研究倫理の啓発及び学習に関わる諸事業の企画及び運営を行う。

附　則　（2022年9月16日、第82回理事会）
　　本規程は、2022年9月17日より施行する。

5　日本教師教育学会役員選出規程

（1992年9月26日、第6回理事会決定）
（1996年6月22日、第19回理事会一部改正）
（1998年2月28日、第25回理事会一部改正）
（1998年10月23日、第27回理事会一部改正）
（2002年2月23日、第37回理事会一部改正）
（2019年9月20日、第74回理事会一部改正）
（2023年9月30日、第84回理事会一部改正）

（目的）

第１条　本規程は、日本教師教育学会会則第６条第１項後段に基づき、日本教師教育学会の役員を会員中から選出する方法を定めることを目的とする。

（選出理事の種類及び定員数）

第２条　本学会の理事は、会員の投票によって選出される別表に定める定員数40を標準とする理事、並びに学際的研究活動の発展及び専門分野の均衡等のため必要に応じて理事会が推薦する若干名の理事とする。

（理事の選出方法及び任期）

第３条　投票による理事の選出は、本規程の別表の様式に従い選挙管理委員会が定める選挙区別の理事の定員数に基づき、全会員（全国区）及び地方区は当該地区の会員（各会員の勤務先等の所属地区）による無記名投票によって行なう。

　　２　全国区は７名連記、各地区は当該地区の理事の定員数と同数の連記によって投票するものとする。ただし、不完全連記も有効とする。

　　３　当選者で同順位の得票者が複数にわたるときは、選挙管理委員会の実施する抽選によって当選者を決定する。

　　４　地方区で選出された理事が全国区でも選出された場合には、その数に相当する当該地方区の次点のものを繰り上げて選出するものとする。

　　５　理事に欠員が生じた場合には、その数に相当する当該選挙区の次点のものを繰り上げて選出するものとする。ただし、その任期は、前任者の残任期間とする。

（推薦による理事の選出方法）

第４条　第２条の規定する推薦による理事は、会長が会員中よりこれを推薦し、理事会の議を経て総会において承認するものとする。　　　　　　　（2023年９月30日、第84回理事会一部改正）

（会長の選出方法）

第５条　会長の選出は、全会員による無記名投票によって行なう。

　　２　会長の選出は、１人の氏名を記す投票によるものとする。２人以上の氏名を記入した場合には無効とする。

（選挙管理委員会）

第６条　第３条及び第５条に規定する選挙の事務を執行させるため、会長は会員中より選挙管理委員会の委員３人を推薦し、理事会の議を経て委嘱する。選挙管理委員は、互選により委員長を決定する。　　　　　　　　　　　　　　（2023年９月30日、第84回理事会一部改正）

（選挙権者及び被選挙権者の確定等）

第７条　事務局長は、理事会の承認を受けて、第３条及び第５条に規定する理事選挙における選挙権者及び被選挙権者（ともに投票前年度までの会費を前年度末までに完納している者）を確定するための名簿を調製しなければならない。

　　２　事務局長は、選挙管理委員会の承認を受けて、第３条及び第５条の理事選挙が円滑に行なわれる条件を整えるため、選挙説明書その他必要な資料を配布することができる。

（細目の委任）

第８条　日本教師教育学会の理事選出に関する細目は、理事会の定めるところによる。

附　則（1992年９月26日、第６回理事会）

　　この規程は、制定の日から施行する。

附　則（1996年6月22日、第19回理事会）
　　この規程は、制定の日から施行する。
附　則（1998年2月28日、第25回理事会）
　　この規程は、制定の日から施行する。
附　則（1998年10月23日、第27回理事会）
　　この規程は、1998年10月24日から施行する。
附　則（2002年2月23日、第37回理事会）
　　この規程は、制定の日から施行する。
附　則（2019年9月20日、第74回理事会）
　　この規程は、制定の日から施行する。
附　則（2023年4月9日、第84回理事会）
　　この規程は、制定の日から施行する。

別　表（日本教師教育学会役員選出規程第2条関係）

地方区名	左欄に含まれる都道府県名	理事定数	有権者数
北　海　道	北海道		
東　　北	青森・岩手・宮城・秋田・山形・福島		
関東・甲信越（東京を除く）	茨城・栃木・群馬・埼玉・千葉・神奈川・山梨・長野・新潟		
東　　京	東京		
東海・北陸	静岡・愛知・岐阜・三重・富山・石川・福井		
近　　畿	滋賀・京都・大阪・兵庫・奈良・和歌山		
中国・四国	鳥取・島根・岡山・広島・山口・香川・徳島・愛媛・高知		
九州・沖縄	福岡・佐賀・長崎・熊本・大分・宮崎・鹿児島・沖縄		
地　方　区		3 3	
全　国　区		7	
定　数　合　計		4 0	

備　考
　1. 地方区理事の定数は、8つの地方区に1名ずつを割り振った後、残りの定数25について、選挙前年度最終理事会までに承認された会員（有権者に限る）の勤務先所在地（主たる勤務先の届け出がない場合は所属機関の本部、所属機関がない場合は住所）を基準とする地方区の所属会員数を基に、「単純ドント方式」で、各区に配分し決める。
　2. 有権者は、会費を選挙前年度末までに完納した者に限る。
　3. 会長は理事長でもある（会則第5条）ので、全国区理事を兼ねて投票し選出する。
　4. 所属機関、住所ともに日本国内に存しない会員は、全国区理事の選挙権のみを有する。

6 日本教師教育学会年報編集委員会関係規程等

(1) 日本教師教育学会年報編集委員会規程

(1992年6月6日、第5回理事会決定)
(1999年6月5日、第29回理事会一部改正)
(2008年9月13日、第52回理事会一部改正)
(2020年9月11日、第76回理事会一部改正)

第1条 本委員会は、本学会の機関誌『日本教師教育学会年報』の編集および発行に関する事務を行う。

第2条 本委員会に、委員長1名をおく。

　2 委員長は、理事のうちから会長が推薦し、理事会の議を経て、会長が委嘱する。

　3 委員長は委員会を代表し、編集会議を招集し、その議長となる。

第3条 委員長以外の編集委員は、理事会が推薦し会長が委嘱する会員15名によって構成される。

　2 編集委員の任期は3年後の定期総会終了日までとする。ただし、再任は妨げない。

　3 編集委員に欠員が生じた場合には、その数に相当する会員を理事会が推薦し、会長が委嘱するものとする。ただし、その任期は前任者の残任期間とする。

第4条 本委員会に、副委員長1名、常任委員若干名をおく。

　2 副委員長、常任委員は、編集委員の互選により選出する。

　3 副委員長は委員長を補佐し、委員長に事故ある場合は、その職務を代行する。

　4 委員長、副委員長、常任委員は、常任編集委員会を構成し、常時編集実務に当たる。

第5条 委員会は、毎年度の大会開催に合わせて定例編集会議を開き、編集方針その他について協議するものとする。また、必要に応じ随時編集会議を開くものとする。

第6条 編集に関する規程、及び投稿に関する要領は、別に定める。

第7条 編集及び頒布に関する会計は本学会事務局において処理し、理事会及び総会の承認を求めるものとする。

第8条 委員会は、事務を担当するために、若干名の編集幹事を置く。編集幹事は、委員会の議を経て、委員長が委嘱する。

第9条 委員会の事務局は、原則として委員長の所属機関内に置く。

附　則（1992年6月6日、第5回理事会）

　本規程は、1992年6月6日より施行する。

附　則（1999年6月5日、第29回理事会）

　本規程は、1999年6月5日より施行する。

附　則（2008年9月13日、第52回理事会）

　本規程は、2008年9月13日より施行する。

附　則（2020年9月11日、第76回理事会）

　本規程は、2020年9月11日より施行する。

⑵　日本教師教育学会年報編集規程

(1992年6月6日、第5回理事会決定)
(1999年6月5日、第29回理事会一部改正)
(2003年4月12日、第41回理事会一部改正)
(2005年9月23日、第46回理事会一部改正)
(2017年9月29日、第70回理事会一部改正)

1　日本教師教育学会年報は、日本教師教育学会の機関誌であり、原則として年1回発行される。
2　年報は、本学会会員による研究論文、実践研究論文および研究・実践ノート、会員の研究・教育活動、その他会則第3条に定める事業に関する記事を編集・掲載する。
3　年報に投稿しようとする会員は、所定の投稿要領に従い、編集委員会宛に原稿を送付する。
4　投稿原稿の掲載は、編集委員2名以上のレフリーの審査に基づき、編集委員会の審議を経て決定する。なお、編集委員会がその必要を認めた場合は、編集委員以外にレフリーを委嘱することができる。
5　掲載予定の原稿について、編集委員会は執筆者との協議を通じ、一部字句等の修正を求めることがある。
6　編集委員会は、特定の個人または団体に対して原稿の依頼を行うことができる。
7　年報に関する原稿は返却しない。
8　執筆者による校正は、原則として初校のみとする。その際、大幅な修正を認めない。
9　図版等の特定の費用を要する場合、執筆者にその費用の負担を求めることがある。
10　抜き刷りについては、執筆者の実費負担とする。

⑶　日本教師教育学会年報投稿要領

(1992年6月6日、第5回理事会決定)
(1999年6月5日、第29回理事会一部改正)
(2000年6月17日、第32回理事会一部改正)
(2003年10月3日、第42回理事会一部改正)
(2005年9月23日、第46回理事会一部改正)
(2013年9月14日、第62回理事会一部改正)
(2015年9月18日、第66回理事会一部改正)
(2017年9月29日、第70回理事会一部改正)
(2019年4月13日、第73回理事会一部改正)
(2019年9月20日、第74回理事会一部改正)
(2021年10月1日、第79回理事会一部改正)
(2022年9月16日、第82回理事会一部改正)
(2024年4月20日、第87回理事会一部改正)

1　投稿原稿は、研究倫理規程を遵守し、原則として未発表のものに限る。但し、口頭発表、およびその配付資料はこの限りではない。
2　投稿をする会員は、当該年度までの会費を完納しているものとする。

3 投稿原稿は以下の３ジャンルとし、会員が投稿原稿送付時にジャンルを申告するものとする。

研究論文（教師教育に関する研究）

実践研究論文（会員個人および勤務校等での教師教育に関する実践の研究）

研究・実践ノート（教師教育に関する研究動向・調査・情報・実践を紹介し考察・問題提起を
行ったもの）

4 投稿原稿はＡ４判用紙縦置き、横書き、日本語によるものとし、編集委員会で別に指定する場合
以外、総頁数は研究論文および実践研究論文については12頁以内、研究・実践ノートについては５
頁以内とする。なお、図表類は、その印刷位置および大きさをあらかじめ表示しておくものとする。

１）題目、図表・空欄・罫線、引用・注等も含めて指定頁数に収める。

２）投稿原稿は、本学会のHPからダウンロードした「原稿執筆フォーマット」（一太郎ファイルあ
るいはワードファイル）を使用して作成することを原則とする。

様式は、引用・注を含めて10.5ポイントで１頁を20字×40行×２段組みとし、題目欄につい
ては１段組で10行分とする。注・図表等も含めて指定字数に収め、本文中の引用・注も字の大
きさは変えないこと。

３）執筆者は、電子投稿システムを用いて提出する。詳細は、本学会ホームページに掲載の「論
文投稿マニュアル」を参照すること。

5 投稿原稿および摘要欄には、氏名・所属、あるいはそれらが特定される情報は書き入れない。

6 投稿にあたっては、次の情報の入力が必要になる。

投稿ジャンル、著者・共著者の氏名と所属機関、連絡先（住所、電話、電子メールアドレス）、
論文タイトル、摘要（600字以内）、キーワード（５項目以内）。

7 投稿原稿の提出期限は、毎年１月15日とする。

8 原稿が本誌に掲載されることが決定した時点で、投稿者は、日本教師教育学会年報編集委員会
（以下「委員会」）が指定する期日までに、英文タイトル、英文摘要（250語前後）、英語キーワー
ド（５項目以内）を用意して提出すること。なお、上記については、予めネイティブ・チェック、
あるいは翻訳業者を通じたものであること。

9 注および引用文献の表記形式については、別途編集委員会で定める。

10 著作権について

１）本誌に掲載する著作物の著作権は、日本教師教育学会年報編集委員会（以下「委員会」）に帰
属する。

２）委員会は、原稿が本誌に掲載されることが決定した時点で、執筆者との間で著作権譲渡に関
する「著作権譲渡書」（別紙）を取り交わすものとする。執筆者は、本「著作権譲渡書」を、当
該著作物が掲載された本誌の発行前に委員会に提出するものとする。「著作権譲渡書」の提出を
掲載の条件とする。

３）執筆者自身が当該著作物の再利用を希望する場合は、「著作権譲渡書」にある内容を了解の
上、所定の手続きを取るものとする。委員会は、再利用が学術及び教育の進展に資するもので
ある限り、異議申し立て、もしくは妨げることをしない。

４）第三者から論文等の複製、転載などに関する許諾要請があった場合、委員会は許諾すること
ができる。

（備考）

投稿者は、投稿原稿中に、投稿者が特定されるような記述（注を含む）は行わないよう留意す
ること。

【著作権譲渡書】

著作権譲渡書

日本教師教育学会編集委員会　御中

　下表著作物の著作者（又は分担著作者）である私こと（以下「甲」という。）は、このたびの「日本教師教育学会年報」への著作物掲載にあたり、下記の内容で日本教師教育学会編集委員会（以下「乙」という。）へ当該著作物の著作権を譲渡します。

著 作 物 標 題	和文：
	英文：
著者名（複数の場合、全員を記載のこと）	
掲載予定号数	「日本教師教育学会年報」第　　　　　号
発行予定年（西暦）	年

　　西暦　　　　　　年　　　　月　　　　　日

　　　　　　甲の現在の所属

　　　　　　甲の氏名

記

1．甲は、乙に対して当該著作物の全ての著作権（著作権法第21〜28条までに規定する全ての権利）を譲渡する。

2．上記著作権譲渡後に、甲が当該著作物について以下に掲げる再利用を希望する場合には、利用目的を記載した書面（電子メールを含む）をもって乙に申し出ることとする。乙は、無償で、甲に当該著作物の再利用を、書面（同前）をもって承認するものとする。

3．著作物の再利用の内容は次のとおりとする。

　　①複製

　　　著作物を印刷、複写又は電子化することによって、複製物を作成すること。及び、作成した複製物を他者に譲渡すること。

　　②公衆送信

　　　著作物の公開、保存及び提供に資すると著者が判断できる範囲で、著作物をデジタル化し、個人又は乙の所属組織のウェブサイトにおいて送信して利用すること。

　　③翻訳、翻案

　　　著作物を翻訳または翻案（改作、加筆・修正等）して利用すること。

4．当該著作物について第三者から著作権上のクレームがあった場合は、甲は誠実に対応する

日本教師教育学会関係記事　133

ものとする。

5．甲は本譲渡書を、最終稿の提出の際に乙に提出しなければならない。

【年報論文転載申請書（例）】

20○○年○月○日

年報論文転載申請書

日本教師教育学会年報編集委員会様

氏名　○○○○

日本教師教育学会年報論文転載の申請について

　年報第○号（20○○年9月）掲載の、「著者名」「題名」を、「著者名」『題名』（△△出版20△△年△月出版予定）に転載することを申請します。

　なお、転載先には、原著論文が同年報に掲載されていることを明記いたします。

【年報論文転載承諾書（例）】

20○○年○月○日

年報論文転載承諾書

○○○○様

日本教師教育学会年報編集委員会

委員長　○○○○

日本教師教育学会年報論文転載の承認について

　○○○○年○月○日に申請のあった、日本教師教育学会年報第○号（20△△年△月）掲載の、「著者名」「題名」を、「著者名」『題名』（△△出版　20△△年△月出版予定）に転載することを承認いたします。

⑷ 「研究論文」と「実践研究論文」の区分に関する申し合わせ

(2005年 9 月23日、年報編集委員会)

1　「実践研究論文」は、「研究論文」と並立する別ジャンルの文献である。

2　「研究論文」とは科学文献の分類における原著論文（オリジナル・ペーパー）のことであり、教師教育の分野において、執筆者が自己の行った研究活動について明確に記述し解説し、その成果として得た結論を述べたもの。

　　その要件としては、次のことがあげられる。

　1) それまでに知られている先行研究に照らしてのオリジナリティ（教師教育の分野における新しい事実、既知の事実間の新しい関係、既知の事実や関係をめぐる新しい解釈、および新しい開発などの独創性）があること。

　2) オリジナリティを根拠づける論理・実証性があること。

3　「実践研究論文」とは、教師教育の分野において、執筆者が自己の行った教育活動（教育実践・自己教育などを含む）について明確に記述し解説し、その成果として得た結果を述べたもの。

　　その要件としては、次のことがあげられる。

　1) 教師教育をめぐって客観的に解決のせまられている現実問題に照らしての有意味性があること。

　2) 有意味性を確認するために必要十分な情報が提供されていること（記録性）。

　3) 実践上のユニークな視点・方法・工夫などが盛り込まれていること。

⑸　投稿原稿中の表記について

(2003年10月 3 日、年報編集委員会決定)
(2005年 9 月23日、年報編集委員会決定一部改正)
(2013年 9 月14日、第62回理事会一部改正)
(2021年 6 月19日、年報編集委員会一部改正)
(2024年 4 月20日、第87回理事会一部改正)

1　注および引用文献の表記については、論文末に一括して掲げる形式をとる。注と引用文献の表記と提示の方法については、別途「参考・引用の方法と文献リスト作成のガイドライン」に示す。

2　記述中の外国語の表記について

　外国人名、地名等、固有名詞には原語を付ける。外国語の引用文献および参考文献は、原則として原語で示す。また、叙述中の外国語にはなるべく訳語を付ける。外国語（アルファベット）は、大文字・小文字とも半角で記入するものとする。中国語、ハングル等、アルファベット表記以外の文字も、これに準ずる。

⑥ 参考・引用の方法と文献リスト作成のガイドライン

(2023年2月23日、年報編集委員会決定)

1．注および引用文献の記載方法は、<u>注方式</u>または<u>引用文献一覧方式</u>のいずれかとする。ただし、注方式の場合は、注を論文の末尾にまとめて記載するとともに、参考文献一覧を付すこと。

2．注方式について

2．1．論文の本文中で文献等を引用あるいは参照した箇所に注番号を挿入し、論文末に対応する注番号を付して文献等の書誌情報を示す。

2．1．1．既刊の論文等から直接引用する場合は、引用部を「 」で括り、該当箇所に注を付す。

　（例）ローティーは、「学校システムは、その数が増え規模が大きくなるにつれて、より官僚化されていった」と論じる[1]。（←「 」の直後、または該当する一文の末に注をつける）

2．1．2．既刊の論文等から、本文の段組で6行程度を超える分量を直接引用する場合は、引用部を「 」ではなく、インデント（字下げ）で示し、末尾に注を付す。

2．1．3．既刊の論文等からアイデアを引用する場合、また要約等の言い換えをして示す場合は、該当箇所に注番号を付して示す。この場合、該当箇所を「 」で示す必要はないが、参照した内容がどの部分であるかが明確になるよう、表現方法に留意すること。

　（例）学校の数と規模の拡大は、学校システムの官僚化を牽引してきた[1]との指摘がある。

2．2．本文中の該当箇所に挿入する注番号は、算用数字を用い、論文の冒頭から末尾に向けて、(1)、(2)、(3)…と通し番号で記載する。

2．3．注番号は、本文のテキストに対して「上付き文字」で示す。

　（例）教師は日常の教育実践に統合された持続的な研修機会から効果的な学びを得る[1]。

3．引用文献一覧方式について

3．1．論文の本文中で文献等を引用あるいは参照した箇所のそれぞれに、著者名、発行年、参照ページを（ ）でくくって記すとともに、引用あるいは参照文献の書誌情報を論文末に、最初に著者名のアルファベット順（外国語文献）、次に著者名の五十音順（日本語文献）に一括して記す。

3．2．文中に引用する場合の表記の例は次のとおり：

　・文中の場合：UNESCO（2015）によれば、教師の継続的な職能成長機会を要件にする。

　・文末の場合：教師の継続的な職能成長機会を要件にする (UNESCO 2015)。

3．3．既刊の論文等から直接引用する場合は、引用部を「 」で括り、著者名と発行年に加えて、引用元のページ番号を記入する。

　・文中の場合：Timerley（2011）によると、「システムに係る〜参画主体にする」(4)。

　・文末の場合：「システムに係る参画主体にする」(Timperley 2011: 4)。

3．4．既刊の論文等から、本文段組で6行程度を超える分量を直接引用する場合は、引用部を「 」ではなく、インデント（字下げ）で示し、末尾に引用元の文献の著者名、発行年、参照ページを（ ）に括って記載する。

3．5．著者が複数の場合は、次に示すように記入する。

　・2名の場合：（鈴木・山田 2014）または (Bowles & Gintis 1999)

　・3名以上の場合：（鈴木他 2014）または (Bowles, et al. 1999)

３．６．論考や概念を、複数の論文等から引用する場合は、以下の例に従う：
・異なる著者の文献の場合：（鈴木 2014；山田 2020）
・同一著者の異なる発行年の文献の場合：（鈴木 2014、2015、2016）
・同一著者の同じ発行年の文献の場合：（鈴木 2014a、2014b）

４．引用文献一覧（または参考文献一覧）の作成について（以下、「文献リスト」と表記）

４．１．文献リストは、本文末（注がある場合は、注の後）に、欧文、邦文の順に記載し、欧文はアルファベット順、邦文は五十音順に配列し、まとめて記載する。アクセント符号（é, ø, åなど）は、その字母となるアルファベットに準じる。また、その他の文字（キリル文字やギリシャ文字など）は、それぞれのアルファベット順に従って欧文と邦文の文献リストの間に置く。

４．２．欧文の場合

４．２．１．著者が１名の場合、２名の場合、３名以上の場合の表記について
・著者が１名の場合：例）Hirschman, A. O. (1972).
・著者が２名の場合：例）Anderson, B., Walker, E. (2011).
・著者が３名以上の場合：例）Admiraal, W., et al. (2016).

４．２．２．書籍（初版の場合）

Hirschman, A. O. (1972). *Exit, Voice, and Loyalty*: *Responses to Decline in Firms, Organizations, and States*. Harvard.

（出版社が大学出版会—University Press—の場合は、大学名以降を省略可。また、Press, Printing, Publishing, Co. Ltd. 等についても省略可。）

４．２．３．書籍（再版の場合）

Freire, P. (1968/2018). *The Pedagogy of the Oppressed*. Bloomsbury.

（初版年を示し、"/" を挟んで参照・引用した版の出版年を明記する）

４．２．４．逐次刊行物

Darling-Hammond, L. (1998). Teachers & Teaching: Testing Policy Hypothesis from a
National Commission Report. *Education Researcher*, 27(1): 5-15.
・論文や記事のタイトルは、イタリックにせず、末尾にピリオド (.) を付す。
・掲載誌のタイトルはイタリックで表記し、巻数を ( ) で括り、号数をその後に示す。
・掲載ページは、巻号数の後に「：（コロン）」をつけて示す。

４．２．５．Web記事・オンライン資料

４．２．５．１．著者が明確な場合

Meredith, R. (2023). NI Education: School Staff Strike to Cause "Severe Disruption". *BBC News*.
2023.11.9. www.bbc.com/news/uk-northern-ireland-67362864.
・原則として逐次刊行物に準じ、掲載誌にあたる箇所にサイト名を示す。
・サイト名の後に、公開日を記入。公開日がわからない場合は、n. d.（"no date" を表す）と記載する。

４．２．５．２．著者がわからない場合

Detailed. com (n.d.). The 50 Best Education Blogs. detailed.com/education-blogs.
・サイトの所有者および管理者（または組織）がわかる場合は、その名前・組織名を記載する。
・サイトの所有者および管理者（または組織）もわからない場合は、サイトのドメイン（例では detailed.com）を記載する。

・参照・引用元はサイト全体となるため、発行年には、n. d.（"no date"を表す）と記載する。

４．２．５．３．行政文書や法律（外国）

USDOE (U.S. Department of Education) (2023). State General Supervision Responsibilities under Parts B & C of the IDEA (OSEP QA 23-01). 2023.7.24. Office of Special Education & Rehabilitative Services. sites.ed.gov/idea/idea-files/guidance-on-state-general-supervision-responsibilities-under-parts-b-and-c-of-the-idea-july-24-2023/

・著者名に文書の責任主体を記入。本文で略称表記した場合には、略称を示し、括弧内に正式名称を記入（事例では、U.S. は略称のままであるが、一般に容易に理解できるものは字数制限の観点から略称のまま記載）。
・文書名・法律の名称を、書誌名に代えて記載する。法律等の記号番号があるものは、文書名の後に括弧付で記号番号を記入し、続けて交付日を記入する。
・文書を発出した組織や責任機関の下部（内部）部局等までを明記するか否かは、執筆者の判断による。

４．３．邦文の場合

邦文の文献を表記する場合、欧文の文献の表記との大きな違いは、下記の通り：

・著者名は、氏名の全てを記載し、氏と名の間にスペースを開けない。
・著者名に続いて記載する発行年は、全角の括弧に収め、ピリオド（.）は付さない。
・書名は『 』で括って示し、論文・記事のタイトルは「 」で括って表し、括弧の前後にスペースを置かない。
・最後はピリオド（.）ではなく、句点（。）を用いる。

４．３．１．書籍

牛渡淳・牛渡亮 (2022)『教師教育におけるスタンダード政策の再検討：社会的公正、多様性、自主性の視点から』東信堂。

・副題については、「―」が用いられている場合でも「：」で繋ぐ。また、副題の末尾に付された「―」は省略する。

４．３．２．翻訳書の場合

ダン・ローティー (1975/2021)『スクールティーチャー：教職の社会学的考察』佐藤学監訳、学文社。

・なお、論文の本文中で翻訳書を引用する場合は、①初刊年表記、②実際に参照した版の出版年表記、③両方併記 例、（ローティー 1975/2021）の何れかを選択し、本文中一貫して用いる。

４．３．３．逐次刊行物

子安潤 (2017)「教育委員会による教員指標の『スタンダード化』の問題」『日本教師教育学会年報』26：28–45。

４．３．４．Web記事・オンライン資料

欧文の場合と同じ。

４．３．５．行政文書や法律（国内）

中央教育審議会 (2023)「『教師を取り巻く環境整備について緊急的に取り組むべき施策（提言）』（令和５年８月28日中央教育審議会初等中等教育分科会質の高い教師の確保特別部会）を踏まえた取組の徹底等について（通知）」文部科学省 (2023.9.8.) www.mext.go.jp/content/230914-mext_zaimu-000031836_1.pdf

・外国の行政文書・法律を記載する場合との大きな違いは、著者名に文書の大枠の責任主体（上

記の例では文部科学省）ではなく、文書を発出した部局等（上記の例では中央教育審議会）を示す点にある。

5．上記に記載のない文献等の参照・引用に際して、本文中での参照・引用の方法および文献リストの作成方法に疑問がある場合は、年報編集委員会（journal@jsste.jp）に問い合わせるか、投稿原稿の該当部分を「緑字」にして示すこと。

7　褒賞委員会関係規程等

(1)　褒賞委員会規程

（2022年9月16日、第82回理事会決定）

第1条　本委員会は、会員の研究活動をより活性化させ、質の高い研究成果の発信を促進するために設けた研究奨励賞に関する事務を行う。

第2条　本委員会に、委員長1名、副委員長1名をおく。

　　2　委員長及び副委員長は、理事のうちから会長が推薦し、理事会の議を経て、会長が委嘱する。

　　3　委員長及び副委員長の任期は、委嘱した会長の任期終了日までとする。但し、再任は妨げない。

第3条　本委員会の委員は、原則として理事の中から3〜5名を委員長が推薦し、理事会の議を経て会長が委嘱する。ただし、委員のうち1名は、年報編集委員長又は編集委員のうちから選出するものとする。

　　2　委員の任期は委嘱から1年後の定期総会終了日までとする。但し、再任は妨げない。褒賞委員に欠員が生じた場合には、その数に相当する会員を委員長が推薦し、理事会の議を経て会長が委嘱するものとする。但し、その任期は前任者の残任期間とする。

第4条　委員長は委員会を代表し、褒賞委員会を招集し、その議長となる。

　　2　副委員長は委員長を補佐し、委員長に事故ある場合は、その職務を代行する。

第5条　本委員会は、研究奨励賞候補論文を審査し、審査報告書（論文概要、高く評価すべき点など）を付して会長に推薦する。但し、候補の該当者がいないこともある。

　　2　会長は審査結果を理事会に報告し、研究奨励賞候補論文について提案する。理事会の承認を得ることで、研究奨励賞を決定したこととする。

　　3　研究奨励賞論文審査の手続き等は、別に定める。

第6条　年次大会の総会終了後、贈呈式を行い、受賞者に賞状（和文・英文）を授与する。

附　則（2022年9月16日、第82回理事会）
　　本規程は、2022年9月16日より施行する。

(2)　研究奨励賞論文審査規程

（2022年9月16日、第82回理事会決定）

第1条（対象となる論文の条件）

研究奨励賞は、該当年度に刊行された年報の掲載論文のうち、次のいずれかの条件を満たしている会員が著者又は筆頭著者であるものを審査対象とする。なお、年報への掲載が決定した後、各論文の執筆者に上記の資格の有無を確認し、必要に応じて根拠資料等の提出を求める。

(1) 刊行時において、大学院修士課程、博士後期課程、又はこれらに相当する課程に在籍する者。

(2) 直近の学歴に関して、大学院博士後期課程又はこれに相当する課程に入学した後、刊行時において10 年を経過しない者。

(3) 直近の学歴に関して、大学院修士課程又はこれに相当する課程を修了した後、刊行時において10 年を経過しない者。

第2条（審査）

研究奨励賞の審査にあたっては、今後の研究上の発展を期待して優秀と認められることを重視する。

2 具体的な審査基準は別に定める。

第3条（審査内容の公表）

贈呈式の翌年に刊行される年報において、褒賞委員長による審査概要と受賞者によるコメントを掲載する。

附　則（2022年9月16日、第82回理事会）

本規程は、2022年9月16日より施行する。

8　研究推進委員会規程

（2022年4月16日、第81回理事会決定）

第1条　本委員会は、本学会の目的を達成するために、研究活動を企画実施し、推進する業務を行う。

第2条　本委員会には委員長1名、副委員長1名を置く。

2 委員長及び副委員長は、理事のうちから会長が推薦し、理事会の議を経て会長が委嘱する。

3 委員長及び副委員長は、常任理事を兼任する。

4 委員長は本委員会を代表する。副委員長は委員長を補佐し、委員長に事故ある場合は、その職務を代行する。

5 委員長及び副委員長の任期は3年とし、交替の時期は当該年度の年次大会の最終日とする。ただし、再任は妨げない。

第3条　本委員会は、その目的を達成するために、部会を設置することができる。

2 部会の代表は、理事のうちから会長が推薦し、理事会の議を経て会長が委嘱する。

3 部会の代表は、常任理事を兼ね、担当理事として研究活動を主宰する。

4 部会の部員は、代表が会員のうちから推薦し、委員長の承認を経て理事会に報告する。

附　則（2022年4月16日、第81回理事会）

本規程は、2022年4月17日より施行する。

9 日本教師教育学会申し合わせ事項

1 日本教師教育学会の会費納入に関する申し合わせ

(2001年10月5日、第36回理事会決定)
(2003年4月12日、第41回理事会一部改正)
(2011年9月16日、第58回理事会一部改正)
(2022年4月16日、第81回理事会一部改正)

1 会員は、新年度の会費を5月末日までに払い込む（もしくは振り込む）ものとする。ただし、5月末日までに自動引き落としの手続きをした会員は、実際の引き落とし期日にかかわらず、5月末日までに会費を完納したものとみなして扱う。

2 会費は、規定額を払い込むものとする。払込額が当該年度会費に満たない場合は、追加払込みで満額になるまで未納として扱う。次年度会費規定額に届かない超過額を払い込んだ場合は、手数料を差し引いて一旦返却することを原則とする。

3 研究大会における発表申込者（共同研究者を表示する場合はその全員）は、前項により会費を完納した会員でなければならない。発表を申し込む入会希望者の場合は、5月末までに入会金及び会費を払い込み、必要事項を記入した入会申込書が学会事務局により受理されていなければならない。

4 学会費を完納していない会員は、研究大会及び学会総会に出席できない。

5 学会年報投稿者（共同執筆者がいる場合はその全員）は、投稿締め切り日までに当該年度までの会費を完納している会員でなければならない。投稿を申し込む入会希望者の場合は、投稿締め切り日までに入会金及び会費を払い込み、必要事項を記入した入会申込書が学会事務局により受理されていなければならない。

6 役員選挙における有権者は、選挙前年度までの会費を前年度末までに会費を完納している会員に限る。

7 退会を希望する場合は、退会を届け出た日の属する年度まで会費を完納していなければならない。退会の意向は、事務局宛に直接、書面（e-mail、ファクシミリを含む）で届け出なければならない。

8 学生（院生を含む）である会員は、該当年度に有効な学生証のコピーを事務局に提出し、確認を受けたうえで学生用年会費を払い込む。

以 上

2 会費未納会員に関する申し合わせ

(1998年2月28日、第25回理事会決定)
(2011年9月16日、第58回理事会改正)
(2018年9月28日、第72回理事会改正)

日本教師教育学会会則第4条第4項に関する申し合わせを、次のように定める。

1　会費未納者に対しては、その未納会費の年度に対応する学会年報を送らない。期限後に会費納付があった場合、年報を除き、納付日以前に一般発送した送付物（ニュース、会員名簿等）は、原則として送らない。

2　会費が３年度にわたって未納となっている会員は、次の手続きにより脱退したものと見なす。

　①　未納３年目の会計年度終了に先立ち、学会事務局が十分な時間があると認める時期において、当該会費未納会員に対し、会費未納の解消を催告する。

　②　学会事務局は、未納３年目の年度末までに会費未納を解消しなかった会員の名簿を調製し、翌年度最初の理事会の議を経て除籍を決定する。

　③　会費未納による脱退者は、除籍の決定をもって会員資格を失うものとする。

3　会費が２年間にわたって未納となり、届け出られた連絡手段すべてにおいて連絡が取れない会員については、前項にかかわらず未納２年目末をもって、催告無しに前項に準じた脱退手続きを行なうことができる。

4　会費未納により除籍となった者が本学会の再入会を希望する場合は、通常の入会手続きに加えて、除籍に至った未納分の会費も納入しなければならない。

以　上

3　理事選挙の被選挙権辞退に関する申し合わせ

（1993年６月19日、第９回理事会決定）

（2011年９月16日、第58回理事会改正）

1　理事選挙の行われる年度末において、満70歳以上の会員は、被選挙権を辞退することができる。

2　日本教師教育学会会則第６条第３項に関し、選出区が全国区・地方区にかかわらず連続３期理事をつとめた会員は、役員選挙にあたって被選挙権を辞退することができる。

3　被選挙権を辞退する会員は、役員選挙のつど、辞退の意向を日本教師教育学会事務局宛に直接、書面（e-mail、ファクシミリを含む）で届け出なければならない。

以　上

4　常任理事に関する申し合わせ

（2002年６月22日、第38回理事会決定）

（2017年９月29日、第70回理事会一部改正）

（2020年９月11日、第76回理事会一部改正）

（2022年４月16日、第81回理事会一部改正）

（2024年９月18日、第88回理事会一部改正）

日本教師教育学会会則第７条に規定する「常任理事」について次のように申し合わせる。

1　（選出方法）

　常任理事は、次の理事をもってあてることを原則とする。

ア　全国区選出理事
　イ　事務局長、事務局次長
　ウ　理事会の議を経て、会長が委嘱する理事
２（常任理事の任務）
　常任理事は、次の任務を持つ。
　ア　常任理事は、常任理事会を構成し、理事会の審議・議決に則り、学会運営の具体的な事項
　　を審議・決定する。
　イ　常任理事は、本学会の事業を執行する。
３（常任理事会）
　常任理事会は、次の場合に招集する。
　１　常任理事会は、通常、年に３回、会長が招集する。
　２　第１項のほか、次の各号の一に該当する場合に、臨時の常任理事会を開催する。
　　ア　会長が必要と認めたとき。
　　イ　３分の１以上の常任理事から会長に招集の請求があったとき、会長は請求受理後一ヶ月
　　　以内に、常任理事会を招集しなければならない。

以　上

5　入会承認手続きに関する申し合わせ

（2004年４月17日、第43回理事会決定）

日本教師教育学会会則第４条第２項の運用に関して、以下のように申し合わせる。
１　会員資格は、原則として理事会の承認の後に得られるものとする。
２　前項の申し合わせにかかわらず、理事会が必要と認める場合、常任理事会の承認をもってこ
　れに代えることができるものとする。

以　上

6　地方区理事の委嘱に関する申し合わせ

（2004年９月17日、第44回理事会決定）

日本教師教育学会役員選出規程第３条第５項の運用に関して次のように申し合わせる。
１　地方区選出の理事は、当該地方区に所属する会員でなくなった際には理事資格を喪失する。
２　地方区選出の理事に欠員が生じた際の、後任の委嘱については次の通りとする。
　(1)　欠員が生じた際は、理事会および常任理事会は、速やかに後任の委嘱についての協議を行
　　う。
　(2)　繰り上げによる後任の委嘱は、当期選挙の選挙管理委員会が決定した次々点者までとす
　　る。
　(3)　欠員が生じた時点で、当該の理事任期が既に２年６月経過している際には、後任の理事の
　　委嘱を原則として行わない。

以　上

7　オンライン開催による研究大会等での録音・録画等に関する申し合わせ

（2020年9月11日、第76回理事会決定）

　研究大会での録音・録画等について下記のように取り扱うこととする。なお、研究大会以外に学会が開催する研究会等においても、下記に準ずるものとする。

(1) 自由研究発表

　　発表者本人が求めた場合も含め、録画・録音・画面の撮影やキャプチャは行わない。学会としても録画しない。

(2) 課題研究や総会等

・記録のために学会として録画する。

・一般参加者の録画は許可しない。

・最初のpptに録画について表示し、開始時に司会から口頭で参加者に了解を得る。

・データは学会事務局で4年間保管し、保管期間終了後に消去する。

・閲覧は、会員である者が、会長・事務局長・録画対象となった部会の責任者の許可を得た場合にのみ可能とする。閲覧利用の要望について判断する際、実質的な最終判断は、録画対象となった部会にあるものとする。期をまたいで役員体制が交替することを想定し、連絡先の事務局内での共有・引き継ぎを確実に行う。

(3) シンポジウム

・学会として録画・録音する。

・保管場所・期間は (2) に同じ。

・閲覧利用についての判断は、大会実行委員会委員長・事務局長に意見を求めたうえで会長・事務局長が行う。

以　上

　※注記：(2)(3)での閲覧は、学会として行う研究活動や年報編集を利用目的とするものを想定している。

8　学会として実施する研究会等の録音・録画及びその公開等に関する運営に向けてのお願い

（2021年10月1日、第79回理事会決定）

　現在、本学会ではオンラインでの会議や研究会が活発に実施されています。情報関連機器の技術革新が進む中で、そうした会議や研究会の様子を録画・録音して、会員等に向けて公開し、議論を共有することが進められていくと予想されます。

　そこで、研究大会時を含む、学会活動の一環として広く会員に呼びかけて実施する研究会等の運営に関して、呼びかけをさせていただくことにいたしました。本学会では、第76回理事会（2020年9月11日）において「オンライン開催による研究大会での録音・録画等に関する確認」が確認されており、大会時の課題研究、シンポジウム、総会等については学会として録画・録音を行うことが認められています。この呼びかけは、そのルールをその後のICT環境の充実を踏まえてガイドライン化し、大会時及び大会時以外の研究会に汎用することを期待するものです。

なお、本確認事項は、
・本学会研究倫理規程に基づいた研究活動を行うこと
・個人情報の保護、著作権の保護、肖像権の保護に努めること
・研究会等における会員の積極的な研究活動に十分な配慮を行うこと
を柱としています。
1．研究会等の録音・録画ならびに録画データの公開等にあたっては、研究倫理規程を遵守し、「オンライン開催による研究大会での録音・録画等に関する確認」を参考にして適切な実施に努めてください。※個人情報の保護、著作権の保護、肖像権の保護 等
2．研究会等の録音・録画および録画データの公開等は学会として行ってください。
・個人アカウントを使用しない
・担当理事等が責任者となる
3．研究会等の録音・録画及びその動画の公開を行う際は、以下の手順を参考にして、参加者に許可を得てください。
①会の開催前に参加者に周知すべき確認事項を文書化しておいてください。※これを録画、公開に関する契約事項とします。
【文書に入れるべき内容】
・会の責任者
・録画（動画の公開を予定している場合は公開を含む）することについて
・録画及び公開する箇所について
・公開の場所・範囲・期間について
・データの保管、消去について
②会の開始時に必ず①の確認事項を読み上げて参加者に周知し、それらを了解して参加するように伝えてください。
【了解できない参加者への対応】
・ビデオをオフにして参加することや発言を控えることを周知してください。
③会の終了時に開始時の説明に基づいて公開することの最終確認をしてください。
【了解できない参加者があった場合の対応】
・可能な限り当該参加者の意思を尊重する配慮をしてください。
4．録音・録画データを会員等に向けて公開する場合は、前記の説明に基づき、適正に実施してください。※理事会等での報告をお願いします。
5．録音・録画データは担当責任者（※担当理事等）が適切に管理保管し、必要がなくなった時点で、速やかに消去・処分してください。

9　学会研究費として使用可能な用途に関する確認

(2018年9月28日、第72回理事会決定)

学会研究費として使用可能な用途として以下を定める。
1　研究会にかかわること
・講師謝金　・講師・参加者の交通費、宿泊費・受付等のアルバイト代（時給1,000円を目安とする）・会場使用料・研究会の飲み物代・茶菓子代・資料印刷費

2　研究大会にかかわること
　・スタッフ、報告者の弁当代
3　研究にかかわること
　・書籍代
4　報告集制作等にかかわること
　・報告集制作費　・郵送費　・音声おこし費、英文校閲料
なお、備品になるような耐久消費財は、原則として購入対象外とする。

以　上

10　研究大会時の災害等への対応

（2019年9月20日、理事会決定）
（2019年11月9日、常任理事会一部改正）

　研究大会時の災害等への対応については、参加者の安全確保と被害の未然防止を第一とし、以下のように定める。
1　研究大会の中止等にかかわる決定と告知
　　災害等によって参加者の安全が危ぶまれる場合や何らかの被害発生が予想される場合には、大会実行委員会・学会会長・学会事務局が協議して、研究大会の中止等を決定する。告知は、大会HP、学会HPおよび大会校の受付付近での掲示で行う。
2　研究大会中止の目安
　・開催日以前―大会会場最寄り駅の鉄道を含む計画運休が発表され、運休時間帯が大会開催時間帯と重なっている場合→計画運休時間帯の開催を中止
　・午前7時―特別警報や避難準備にあたる「警戒レベル3」が発令されたり、大会校最寄り駅の鉄道が全線運休したりしている場合→午前の開催を中止
　・午前11時―特別警報や避難準備にあたる「警戒レベル3」が発令されたり、大会校最寄り駅の鉄道が全線運休したりしている場合→午後の開催を中止
　・大会開催中―特別警報や避難準備にあたる「警戒レベル3」が発令されたり、大会校最寄り駅の鉄道の計画運休が発表された場合→できるだけ早く大会切り上げ
3　研究大会の中止や再開に伴う措置
　・自由研究発表・ポスター発表・ラウンドテーブルが中止の場合→発表したものとする。
　・総会が中止の場合→総会資料を全会員に示し、審議事項についての意見を1ヶ月間求め、異議がない部分は承認されたものとする。異議がある部分は、次回の総会で審議する。ただし、予算に関しては異議に配慮しつつ執行する。
　・状況が回復し、大会の開始または再開が可能になった場合→大会を開始または再開する。原則としてその時間に予定されていた内容を行う。ただし総会は他事に優先する。
4　参加費・懇親会費の取り扱いについて
　・学会大会が不開催の場合→大会要旨集を送り、参加費（事前申し込み分）は返却しない。
　・懇親会が中止の場合→懇親会費は原則として返却する。振り込みの場合は、振り込み手数料を差し引いた額を返却する。
5　被害への対応

万一、何らかの被害が生じた場合には、大会実行委員会・学会会長・学会事務局で協議しつつ、参加者の安全確保と被害拡大防止にむけた適切な対応を行う。

6　研究大会以外の学会行事における災害等への対応

　研究大会以外の学会行事（理事会・研究会等）においても、この災害等への対応を目安として、参加者の安全を第一に、開催・中止等を判断する。

以　上

10　日本教師教育学会　入会のご案内
－研究と実践の創造をめざして－

日本教師教育学会は、1991年8月30日に創立されました。

　子どもや父母・国民の教職員への願いや期待に応え、教育者としての力量を高めるための研究活動を多くの人々と共同ですすめたいというのが学会創立の趣旨です。

　わたくしたちは「教師」という言葉に、学校の教職員はもとより、社会教育や福祉・看護・医療・矯正教育などに携わるさまざまな分野の教育関係者を含めて考えています。

　また、その「教育」とは、大学の教員養成だけでなく、教職員やそれをめざす人たちの自己教育を含め、教育者の養成・免許・採用・研修などの力量形成の総体と考えています。

　このような学会の発展のため、広い分野から多くの方々がご参加くださいますようご案内申し上げます。

1　大学などで教師教育の実践や研究に携わっている方々に

　大学設置基準の大綱化のもとで、「大学における教員養成」も大学独自の創意工夫が求められる時代となりました。このような状況の変化のもとで、本学会は、各大学、各教職員が、国公私立大学の枠を越え、全国的規模で教師教育の実践や研究について交流し、カリキュラム開発などの共同の取り組みをすすめることに寄与したいと念じております。

　大学における教師教育は、教育学、教育心理学、教科教育法などの教職科目だけではなく、教科に関する諸科目、一般教育を担当する方々との共同の事業です。多彩な専門分野からのご参加を呼びかけます。

2　学校の教職員の方々に

　社会が大きく変化し、さまざまな教育問題が起こるなかで、「学校はどうあるべきか」がきびしく問われています。それだけに、学校で働く教職員の方々が、子どもや父母の願いをくみとり、教育・文化に携わる広い分野の方々との交流・共同により、生涯を通じて教育者としての力量を高めていく研究活動とそのための開かれた場が求められています。教育実習生の指導などを通してすぐれた後継者、未来の教師を育てることも現職教職員の大きな責任と考えます。そのような学会の発展のため学校教職員のみなさんの積極的な参加を期待いたします。

3　社会教育、福祉、看護、医療・矯正教育などの分野の職員の方々に

　人間が生涯を通じて豊かに発達し尊厳を実現するには、学校ばかりでなく、保育所・児童館、教育相談所、家庭裁判所・少年院、公民館・図書館・博物館、スポーツ施設、文化・芸術施設、医療施設などさまざまな教育・文化・福祉・司法などの分野の職員の方々の協力が欠かせません。よき

後継者を育てることも大切な仕事です。そのためには、それぞれの分野の垣根を越えて、実践や理論を交流し、教育者としての力量を共同して高める研究活動の場が必要です。この学会がその役目を果たせますよう、みなさんの入会を期待します。

4　教育行政や教育運動に携わっている方々に

教師教育は、大学やその他の学校だけでなく、教育行政とも密接な関連があり、教育運動の動向にも影響を受けます。これらの組織に関わる方々の参加が得られるならば、教師教育研究のフィールドはいっそうひろがります。すすんで参加・参画いただき、その充実を図りたいと思います。

5　教育問題に関心をもつ学生や将来、教育関係の職業をめざす方々に

教職員をめざし、または、教育問題に関心をもつみなさんが、在学中や就職前から、専門的力量の向上について研究的関心をもちつづけることは、進路の開拓にも大きな力になるでしょう。本学会の諸事業にもすすんで参加してください。

6　父母・マスコミ関係者ほか、ひろく国民のみなさんに

よい教師は、よい教師を求める国民的期待の中で育まれるといえるでしょう。他の分野の教職員についても同様です。会員として、また、会員外の立場から、本学会について率直な意見を寄せていただければ幸いです。

7　教育者養成・研修に関心をもつ外国の方々に

教師教育研究の国際交流は、本学会の事業の大きな目標のひとつです。会員資格に国籍は問いません。入会を歓迎いたします。

　会員になりますと、研究集会、研究委員会活動、その他の諸行事への参加、機関誌への投稿やその無料郵送、研究業績の紹介、学会ニュースや会員名簿の閲覧など、会則に定める本学会の多彩な事業の利益を受けることができます。

　いま、社会は大きく変化し、新しい教育者像が求められています。この学会が、その探究のための「研究のネットワーク」「研究の広場」として発展するよう、多くのみなさんのご協力をお願いいたします。

《入会申込みの方法》

1　本学会の趣旨に賛同し、入会を希望する場合は、「入会申込フォーム」（学会ホームページ上にあります）より、必要事項を記入し、推薦者1名（既会員）の名前も添え、お申し込みください。（既会員の推薦者がいらっしゃらない場合には無記入のままで結構です）。郵送で申込みをされる場合は、「入会申込書」（学会ホームページ上にあります）に必要事項を記入し、日本教師教育学会事務局までお送りください。

2　入会金1,000円及び当該年度会費7,000円（合計8,000円）を下記郵便振替口座もしくは銀行口座へご送金ください。学生・院生の場合は、ホームページ上の「会費納入方法について」ページ内の「会費学生料金申請」フォームから当該年度に有効な学生証のコピーを事務局に提出してください。事務局からの確認メールが届きましたら、入会金1,000円及び年会費3,000円（合計4,000円）をご送金ください。

【加入者名】：日本教師教育学会

【郵便振替】記号番号：00140-7-557708

【ゆうちょ銀行】＜機関コード9900＞　〇一九店（店番号019）当座預金　口座番号　0557708

3　入会申込書、及び入会金、年会費が事務局宛に届いた時点で「入会希望者」として受付しまして、受付受理されましたことをメールでお知らせ致します。

4　理事会で承認されましたら、メールで承認のお知らせをさせていただきます。メールが届かない場合は、大変お手数ではございますが、事務局までお問い合わせいただきますようお願い申し上げます。

＊　事務局は基本的に3年交代です。最新の事務局情報は、本学会ホームページをご覧ください。

日本教師教育学会事務局（JSSTE）

　＊米沢　崇（第12期事務局長・広島大学）

　＊安藤　知子（第12期事務局次長・上越教育大学）

　＊株式会社EPOCH-NET（事務局事務業務担当）

Email：office@jsste.jp

Tel　：050-5806-6606

Post　：〒277-0941　千葉県柏市高柳1674-4

HP　：https://jsste.jp/

年報第33号　第12期編集委員会活動記録

2023年11月23日　第１回編集委員会（ズーム会議）
　　　　　　　　・副委員長・常任委員の選出
　　　　　　　　・投稿論文の査読体制と日程についての確認
　　　　　　　　・投稿チェックリストの検討
　　　　　　　　・引用・文献ガイドラインの作成の検討
　　　　　　　　・年報第33号特集テーマについての検討

2023年12月17日　第２回編集委員会
　　　　　　　　・年報第33号特集テーマの企画決定
　　　　　　　　・引用・文献ガイドラインの調整
　　　　　　　　・投稿要領の調整
　　　　　　　　・「書評」「文献紹介」図書の選定
　　　　　　　　・論文投稿・査読電子システムの運用について確認

2024年２月１日　第３回編集委員会（ズーム会議）
　　　　　　　　・投稿論文の第一次査読担当者とスケジュールの決定
　　　　　　　　・年報第33号特集テーマへの執筆依頼者の決定
　　　　　　　　・「書評」「文献紹介」図書の追加および執筆依頼者の決定
　　　　　　　　・論文投稿・査読電子システムの運用について確認

2024年３月18日　第４回編集委員会（ズーム会議）
　　　　　　　　・投稿論文の第一次査読結果の報告と審査・判定

2024年６月８日　第５回編集委員会（ズーム会議）
　　　　　　　　・特集テーマ投稿論文査読担当者の決定
　　　　　　　　・学会総会への報告事項についての確認

2024年６月23日　第６回編集委員会（ズーム会議）
　　　　　　　　・投稿論文の第一次査読結果の報告と審査・判定
　　　　　　　　・年報編集委員会の体制と査読体制についての検討

2024年９月20日　第７回編集委員会（予定）
　　　　　　　　・特集のあり方についての検討
　　　　　　　　・年報編集委員会の体制と査読体制についての検討
　　　　　　　　・第12期編集委員会の活動の振り返り

年報編集委員会

（○は常任委員）

委員長	○百合田　真樹人（独立行政法人教職員支援機構）		
副委員長	○森　久佳（京都女子大学）		
委員	○浅野　信彦（文教大学）	臼井　智美（大阪教育大学）	
	川村　光（関西国際大学）	○子安　潤（愛知教育大学・名誉）	
	近藤　健一郎（北海道大学）	○佐藤　仁（福岡大学）	
	羽野　ゆつ子（大阪成蹊大学）	深見　俊崇（島根大学）	
	福本　みちよ（東京学芸大学）	船越　勝（和歌山大学）	
	前田　美子（大阪女学院大学）	村井　尚子（京都女子大学）	
	山下　晃一（神戸大学）	○福島　裕敏（弘前大学）	
相談役	吉岡　真佐樹（京都府立大学・名誉）		

日本教師教育学会年報　第33号

「教師像」を再考する：教師像と教師のアイデンティティ

2024年9月30日　発行

編　集　日本教師教育学会年報編集委員会

発　行　日本教師教育学会

事務局　〒277-0941　千葉県柏市高柳1674-4

　　　　　Tel 050-5806-6606

　　　　　郵便振替口座番号　00140-7-557708（557708は右詰で記入）

　　　　　E-mail：office@jsste.jp

年報編集委員会

　　　　　〒101-0003 東京都千代田区一ツ橋2-1-2 学術総合センター11階

　　　　　独立行政法人教職員支援機構東京事務所　百合田真樹人研究室内

　　　　　Tel 03-4212-8469

　　　　　E-mail：journal@jsste.jp

印　刷　学事出版株式会社

　　　　　〒101-0051　東京都千代田区神田神保町1-2-5

　　　　　Tel 03-3518-9655 Fax 03-3518-9018　https://www.gakuji.co.jp/